El Arte de Vivir en Plenitud Después del Éxito

Recupera tu Deseo, tu Libertad y tu Autoridad, sin Culpa

Maria L. Ellis, BBA, MBA

DEDICATORIA

Para las mujeres que vinieron antes que nosotras,
que resistieron en silencio, que construyeron con constancia,
que sostuvieron familias y futuros con manos que nadie
aplaudió.
Para las madres que dieron más de lo que conservaron.
Para las hijas que aprendieron fortaleza observando.
Para las mujeres que lograron lo que se esperaba
y que ahora son lo suficientemente valientes para preguntarse
qué es verdad.
Para las hijas y nietas que están mirando
cómo envejecemos, cómo hablamos, cómo nos elegimos a
nosotras mismas.
Que hereden no solo lo que construimos,
sino el coraje con el que vivimos.
Que vean mujeres que no desaparecieron después del éxito,
que no se hicieron pequeñas para que otros se sintieran
cómodos,
que no confundieron la culpa con la bondad.
Y a cada mujer experimentada que se encuentra en el umbral del
"¿Y ahora qué?"
¡Este libro es para ti!

TABLA DE CONTENIDO

INTRODUCCIÓN

Hubo una mañana, no hace mucho tiempo, en la que desperté y me di cuenta de que nada era urgente. Ningún hijo necesitaba que lo llevara a algún lugar. Ninguna fecha límite presionaba los bordes del día. Ninguna crisis requería mi mano firme.

Durante décadas, mi vida estuvo organizada en torno a la responsabilidad: construir negocios, criar una familia, apoyar a otros, presentarme con fortaleza incluso cuando estaba cansada. Vestía la competencia como una chaqueta bien entallada. Me quedaba perfecta. Funcionaba. Ganaba respeto.

Y, sin embargo, en aquella mañana silenciosa, algo desconocido comenzó a moverse dentro de mí. No era insatisfacción. No era arrepentimiento. Ni siquiera era agotamiento. Era espacio. Y en ese espacio surgió una pregunta para la que ningún logro me había preparado:

Si ya no necesito demostrar nada... ¿quién soy ahora?

Había pasado años ayudando a otros a construir, crecer, tener éxito y recuperarse después de los tropiezos. Sabía fijar metas, resistir, liderar. Lo que no había practicado plenamente era cómo llegar. Cómo vivir sin estar a la defensiva. Cómo elegir sin culpa. Cómo descansar sin negociar mi valor.

El éxito me había dado libertad. Pero la libertad requería un tipo diferente de coraje. El coraje de dejar de actuar competencia. El coraje de sentir deseo sin justificarlo. El coraje de decir la verdad sobre lo que ya no encajaba.

Ahí comenzó este libro. No en la crisis, sino en la claridad.

Llega un momento — a menudo después del éxito, del logro y de décadas de responsabilidad — en que la vida deja de pedirnos que probemos algo. En cambio, nos pide que escuchemos. Que sintamos. Que nos alineemos. Que digamos la verdad sobre lo que ahora nos da vida.

Para muchas mujeres, ese momento llega en silencio. Los roles han sido cumplidos. Las escaleras han sido ascendidas. Las obligaciones han sido honradas. Y, sin embargo, bajo la superficie del logro, emerge una pregunta más profunda:

¿Quién soy ahora, más allá de lo que he hecho?

Por Qué Este Libro Existe Ahora

Este libro no fue escrito para enseñar, persuadir o corregir. Fue escrito porque una verdad seguía pidiendo ser nombrada.

Este libro nació de esa pregunta.

Vivimos en una cultura que celebra el esfuerzo constante, pero rara vez nos enseña cómo llegar. Que elogia a las mujeres por su resistencia, sacrificio y utilidad, pero se incomoda cuando eligen libertad, placer o descanso sin disculpas.

La mujer experimentada se encuentra en la intersección de estas tensiones, no porque esté confundida, sino porque ha superado las antiguas reglas del juego.

Este no es un libro sobre envejecer como declive. Es un libro sobre madurar como poder.

Está escrito para mujeres que han vivido lo suficiente como para saber que el éxito no garantiza plenitud; que el amor sin límites agota; que el logro sin alineación vacía el cuerpo; y que el valor nunca estuvo destinado a ganarse únicamente mediante el esfuerzo.

También está escrito para los hombres que las aman, trabajan junto a ellas y crecen con ellas — hombres que reconocen la fortaleza serena de una mujer que ya no siente la necesidad de demostrar su valor.

Lo que sigue es una constelación de reflexiones, verdades y reconocimientos vividos. Te encontrarás en algunos capítulos más que en otros. Puede que sientas alivio, resistencia o un reconocimiento silencioso. Todo es bienvenido. Este libro no te apresura. Confía en tu tiempo.

Si estás leyendo esto en una temporada de transición, incertidumbre o insatisfacción silenciosa, recuerda esto: no hay nada malo en ti. No llegaste tarde. No eres ingrata. No estás perdiendo relevancia. Estás refinando tu relación con la vida.

La segunda mitad de la vida no es un epílogo. Es una iniciación.

Y la mujer experimentada no se está alejando del sentido — está entrando en la autoría.

Que estas páginas te ofrezcan permiso más que instrucción. Lenguaje más que presión. Compañía más que respuestas.

Y que sientas, al leer, que no estás sola al elegir alineación sobre obligación, presencia sobre actuación, y vitalidad sobre aprobación.

Este libro existe porque suficientes mujeres están listas para vivir esa elección en voz alta.

Con respeto y reconocimiento,

Maria L. Ellis, BBA, MBA

CAPÍTULO 1:
LA EXPERIENCIA NO DICHA DEL ÉXITO

"Lo más difícil es la decisión de actuar; el resto es mera tenacidad."
— Amelia Earhart

Me quedé sentada sola en mi auto un momento más de lo necesario, el motor ya apagado, la mano apoyada sobre el volante.

El estacionamiento tenía ese aroma familiar a polvo de concreto y un leve rastro de aceite — fresco, mineral, ligeramente metálico. En algún lugar encima de mí, una puerta de auto se cerró con fuerza y unos pasos resonaron contra el cemento. Las luces fluorescentes zumbaban suavemente, bañándolo todo con una luz pálida e implacable.

La reunión había ido bien — productiva, respetuosa, eficiente. Dije lo que tenía que decir. Fui escuchada. Me dieron las gracias. Nada quedó pendiente.

El asiento de cuero aún conservaba el calor de mi cuerpo. La carpeta junto a mí — ordenada, con separadores de colores — estaba cerrada. Completa. Mi teléfono se iluminó brevemente con una notificación nueva y volvió a oscurecerse cuando no lo tomé.

Observé mi reflejo tenue en el parabrisas. No me analizaba. No me criticaba. Solo notaba.

La postura de compostura seguía intacta — hombros rectos, mentón firme, respiración estable. Una vida entera de preparación para presentarme lista.

Y, sin embargo, no abrí la puerta de inmediato.

Mis dedos permanecieron curvados alrededor del volante, como si aún estuviera conduciendo, navegando, siendo responsable de la dirección.

No había decepción. No había fracaso visible. Profesionalmente, había sido un éxito.

Aun así, permanecí sentada.

No porque algo hubiera salido mal.

Sino porque algo dentro de mí pedía un momento de honestidad antes de volver al movimiento.

Más tarde, esa sensación regresó. No era fuerte ni urgente. Era persistente.

¿Es esto todo?

No nacía de la ingratitud. Mi vida funcionaba. Era competente. Las personas confiaban en mí. Y, sin embargo, algo dudaba.

Con el tiempo comprendí que no era aburrimiento. No era fracaso.

Era duelo.

Un duelo silencioso por versiones de mí que habían cumplido su propósito. Por identidades que me habían dado estructura y dirección, pero que ya no me sostenían de la misma manera.

No hubo ceremonia para despedirlas.

Solo seguí adelante.

Ese duelo no se presentaba como tristeza dramática. Se manifestaba como fatiga que el descanso no resolvía. Como una sensación de pesadez después del logro. Como una ligera resistencia ante proyectos que antes me habrían entusiasmado.

Nada estaba mal.

Y, sin embargo, algo esencial se sentía amortiguado.

Lo más difícil era que este duelo no tenía nombre. No existe un lenguaje socialmente aceptado para lamentar una identidad que ha evolucionado.

Y sin embargo, ignorarlo no lo hace desaparecer.

La mujer experimentada no desea más aplausos. Desea verdad más profunda.

No quiere otra escalera. Quiere coherencia.

Este libro comienza aquí.

No con soluciones.

No con estrategias.

Sino con una pausa.

Antes de decidir qué sigue, hay valor en nombrar lo que es cierto. El cansancio de haber sido emocionalmente confiable durante décadas. El deseo que se silenció bajo agendas y competencia constante. La tensión entre gratitud y duelo.

No estás atrasada. No estás rota. No eres ingrata por notar que algo quiere cambiar.

Las preguntas que emergen ahora no rechazan tu pasado. Son una respuesta a quién te has convertido.

Y, como el momento en que me senté en mi auto antes de volver a entrar al edificio, es suficiente, por ahora, permanecer con la pregunta.

Aquí es donde comenzamos.

Preguntas de Reflexión

1. ¿De qué manera tu éxito ha complicado tu vida interior en lugar de simplificarla?

2. ¿Qué preguntas han estado formándose en silencio que aún no te has permitido formular plenamente?

3. ¿Dónde coexisten la gratitud y el duelo en tu vida?

4. ¿Qué roles o identidades has superado sin reconocer completamente la pérdida que representan?

5. ¿Cómo ha influido el ser vista como fuerte en lo que te permites necesitar, expresar o descansar?

6. ¿Qué se siente inconcluso, no nombrado o no dicho en esta etapa de tu vida?

CAPÍTULO 2:
MI HISTORIA

"Los maestros más convincentes son aquellos que han vivido lo que enseñan."
— Maria L. Ellis

Durante la mayor parte de mi vida, estuve definida por lo que hacía. Llevé roles que tenían sentido para el mundo y para mí. Profesional. Esposa. Madre. Líder. Proveedora. Constructora. Estas identidades ofrecían estructura y dirección. Me daban claridad sobre dónde pertenecía y cómo era valorada. Era competente, capaz y confiable. Sabía asumir responsabilidad y cumplir. Entendía el impulso. Entendía cómo seguir avanzando, incluso cuando el camino era exigente.

Desde afuera, mi vida parecía plena y exitosa. Y, en muchos sentidos, lo era.

Construí una carrera en la banca de la que me sentía genuinamente orgullosa. Al inicio trabajé con Bank of America, estructurando líneas de crédito y financiamiento de exportaciones para empresas Fortune 500 que enviaban bienes a América Latina. Las transacciones eran complejas: riesgo transfronterizo, fluctuaciones cambiarias, consideraciones geopolíticas. Aprendí a leer balances financieros como algunas personas leen novelas. Aprendí a hacer preguntas disciplinadas. Aprendí a evaluar exposición financiera, estructurar garantías y proteger contra la volatilidad.

Había satisfacción en ese mundo. La precisión importaba. La estrategia importaba. La competencia era medible. Un acuerdo se cerraba o no se cerraba. Una línea de crédito funcionaba o no funcionaba. La claridad era casi reconfortante.

Más adelante, mi trabajo se profundizó y se volvió más personal. Comencé a ayudar a empresarios a administrar su capital, guiándolos en decisiones de liquidez, planificación sucesoria y en la delicada arquitectura del diseño patrimonial. Estas no eran solo conversaciones financieras; eran conversaciones sobre legado.

Me senté frente a mesas de conferencias pulidas con fundadores que habían construido empresas desde cero, hombres y mujeres que lo habían arriesgado todo por una idea. Los vi enfrentarse a preguntas que no tenían nada que ver con el EBITDA y todo que ver con la familia:

¿Estarán listos mis hijos?¿Sobrevivirá la empresa sin mí?¿Cómo protejo lo que he construido sin controlar a la siguiente generación?

Juntos creábamos estructuras, fideicomisos, planes de gobernanza y eventos de liquidez que los sobrevivirían. Traducíamos visión en documentación. Convertíamos décadas de trabajo en estabilidad intergeneracional.

Desde afuera, era impresionante.

Y lo era.

Tenía influencia. Tenía responsabilidad. Tenía un asiento en mesas donde se tomaban decisiones trascendentes. Era respetada por mi claridad, por mi disciplina, por mi serenidad bajo presión.

Pero lo que rara vez se reconoce es que cuando ayudas a otros a construir su legado, comienzas silenciosamente a cuestionar el tuyo.

Cuando pasas años asesorando sobre sucesión, inevitablemente preguntas: ¿hacia qué estoy sucediendo yo?

Cuando ayudas a otros a proteger lo que más importa, comienzas a preguntarte: ¿qué es lo que más importa para mí ahora?

No hubo crisis. No hubo desmoronamiento dramático. Solo un cambio sutil.

Las métricas que antes me energizaban comenzaron a sentirse incompletas. No irrelevantes, sino insuficientes.

El éxito había entregado lo que prometía.

Y luego entregó silencio.

Contribuí de manera significativa y constante. Me presenté para las personas que dependían de mí, a veces en silencio, a veces a gran costo personal. Aprendí a manejar complejidad e incertidumbre, a tomar decisiones bajo presión y a mantenerme firme cuando otros necesitaban tranquilidad. Estos no eran logros imaginarios. Eran reales, ganados con esfuerzo, disciplina y compromiso.

Y, sin embargo, algo cambió silenciosamente, mucho antes de que tuviera palabras para nombrarlo.

El cambio no llegó como crisis ni como colapso. No hubo ruptura dramática. Llegó como una leve disonancia. Las estrategias que antes funcionaban comenzaron a sentirse pesadas. Los roles que antes me energizaban empezaron a exigir más de lo que daban. Noté una fatiga que el descanso no resolvía del todo, un cansancio al que el sueño no alcanzaba.

Lo que más me inquietaba no era el agotamiento, sino la pérdida de resonancia.

Podía seguir funcionando. Podía seguir logrando. Podía cumplir expectativas y entregar resultados. Lo que ya no podía hacer era fingir que el esfuerzo por sí solo era suficiente, o que el éxito producía plenitud automáticamente.

Había duelo en esa realización.

Lloré versiones de mí misma que habían sido admiradas y afirmadas. Lloré la facilidad de saber exactamente cómo ser valorada y recompensada. Lloré el impulso hacia adelante que el logro proporciona, la tranquilidad que da el progreso medible. Lloré identidades que me habían sostenido durante décadas y que ahora comenzaban a aflojarse sin mi consentimiento.

Ese duelo era confuso porque nada estaba obviamente mal. No había fracasado. No me había derrumbado. No había perdido capacidad ni relevancia. Y, sin embargo, algo esencial estaba terminando.

Por supuesto, intenté arreglarlo.

Busqué nuevas metas, nuevos proyectos, nuevas maneras de aplicar las habilidades que ya tenía. Permanecí productiva. Permanecí útil. Permanecí comprometida.

Si algo se sentía inestable, lo optimizaría.

Siempre había funcionado antes.

Lo que no hice, al principio, fue escuchar.

La fatiga comenzó de manera sutil. No lo suficientemente dramática para alarmarme, ni lo bastante severa para interrumpir el rendimiento. Era simplemente una pesadez persistente. Podía seguir liderando una sala sin que nadie percibiera tensión.

Pero cuando la sala se vaciaba, algo dentro de mí no se recargaba.

El sueño ya no restauraba como antes. Me despertaba antes del amanecer — alerta pero no energizada. Mis hombros retenían tensión que el estiramiento no liberaba del todo. Incluso el entusiasmo requería negociación.

No era agotamiento por exceso de trabajo. Conocía bien esa sensación. Era diferente.

Era como si mi cuerpo hubiera comenzado a retirar su acuerdo automático.

Hice lo que hacen las mujeres competentes: programé un chequeo médico.

La cita fue ordenada y rutinaria. Presión estable. Laboratorios normales. Un repaso de cifras y rangos. Respondí preguntas con eficiencia.

Días después, llegó la llamada.

"Todo se ve normal", dijo mi médico. "Tus análisis están fuertes. No hay señales de preocupación."

Sentí alivio.

Y luego algo más.

"Si todo está normal", pregunté con cuidado, "¿por qué me siento tan cansada?"

Hubo una breve pausa.

"Has tenido una vida exigente", respondió. "El estrés se acumula. Pero médicamente, no hay nada malo."

Nada malo.

Es una frase poderosa.

Nada roto.Nada diagnosticable.Nada que tratar.

Conduje a casa con esa frase resonando.

Nada malo.

Y, sin embargo, algo pedía cambiar.

La fatiga no era patología. Era información.

Durante décadas había regulado espacios, absorbido complejidad, cargado responsabilidad sin mostrar tensión. Había metabolizado presión rápida y silenciosamente.

El cuerpo lleva su propia contabilidad.

Y el mío estaba presentando un balance distinto.

No un déficit de salud.

Un déficit de alineación.

Comencé a ver que lo que llamaba resiliencia, a veces había sido auto-contención prolongada. Lo que etiquetaba como fortaleza, en ocasiones había requerido silencio interno. Lo que presentaba como liderazgo, a veces significaba absorber peso emocional sin redistribuirlo.

Ningún análisis de sangre mide eso.

Pero el cuerpo lo registra todo.

Dejar de actuar competencia permitió que regresara algo más.

Regresó la presencia.Regresó el discernimiento.Regresó el deseo — no el deseo impulsado por demostrar, sino uno más sereno y arraigado.

No me estaba convirtiendo en alguien nueva.

Me estaba volviendo más coherente.

Mi credibilidad no proviene de haber dominado esta transición. Proviene de haberla caminado — imperfectamente, con atención y honestidad.

Lo que sé ahora es esto: la segunda mitad de la vida no es declive. Es reorientación. Hace preguntas diferentes. Recompensa capacidades distintas. Invita a vivir desde la alineación más que desde la acumulación.

Escribí este libro porque lo necesitaba.

Y porque pude ver que otras también lo necesitaban.

Si te reconoces en estas páginas, si algo en ti siente alivio simplemente por ser nombrado, entonces este trabajo ya ha comenzado a hacer lo que estaba destinado a hacer.

No llegaste tarde.No estás fallando.No estás perdiendo relevancia.

Estás en transición.

Preguntas de Reflexión

1. ¿Qué roles te han definido con mayor fuerza hasta ahora y cómo han moldeado tu identidad?

2. ¿Qué ha comenzado a sentirse pesado, limitado o desalineado en tu vida?

3. ¿Qué formas de duelo han acompañado el cambio, incluso sin una pérdida evidente?

4. ¿Cómo ha estado tu cuerpo señalando la necesidad de vivir o trabajar de manera diferente?

5. ¿Dónde te descubres pidiendo disculpas por cambiar, descansar o evolucionar?

6. ¿Qué ha comenzado a regresar a medida que la actuación pierde fuerza?

7. ¿Qué podría volverse posible si confiaras en esta transición en lugar de resistirla?

CAPÍTULO 3:
LA HOJA DE RUTA

"No tienes que ver todo el camino para dar el siguiente paso verdadero."
— Maria L. Ellis

Todo viaje significativo se beneficia de una orientación. No para controlar la experiencia, sino para establecer confianza. Cuando comprendemos la forma general de lo que viene, podemos relajarnos en el proceso en lugar de tensarnos frente a él. Dejamos de correr hacia conclusiones y permitimos que la comprensión se asiente primero en el cuerpo — en el endurecimiento o el ablandamiento de una respuesta — antes de convertirse en lenguaje.

Este libro no está pensado para consumirse rápidamente ni para aplicarse de manera mecánica. Está pensado para vivirse a tu lado. Los capítulos no son instrucciones para seguir en orden. Son invitaciones a notar dónde estás y qué está pidiendo atención ahora. Conocer el terreno te permite moverte con mayor facilidad, incluso cuando el camino se curva, se detiene o vuelve sobre sí mismo.

Lo que sigue no es una lista de verificación. Es la forma de un viaje, uno que se despliega por fases más que por pasos.

Identidad y Yo

El viaje comienza hacia adentro. Antes de que cambien las relaciones o se modifiquen las decisiones, la identidad se suaviza. Los roles que antes ofrecían claridad empiezan a aflojarse. Las preguntas internas introducidas en los capítulos iniciales no son problemas que resolver, sino señales de transición.

El **Capítulo 4, Duelo Después del Éxito**, pone palabras a lo que a menudo se siente pero rara vez se nombra: la pérdida que puede llegar después del logro, cuando el significado aún no alcanza el impulso. Honra el duelo silencioso que puede coexistir con el orgullo y la realización. Duelo Después del Éxito no patologiza este momento. Lo normaliza. Lo reencuadra como maduración más que como declive, como transición más que como vacío. Porque a veces el duelo más profundo no es por lo que perdimos, sino por lo que superamos.

El **Capítulo 5, Recibir en Lugar de Lograr**, explora lo que ocurre cuando el esfuerzo deja de liderar. Invita a un giro desde el afán hacia la receptividad, desde el hacer constante hacia el permitir. Se nombra el recibir no como pasividad, sino como otra forma de fortaleza que exige confianza más que control.

Juntos, estos capítulos establecen una base. Lo que viene después no puede construirse sin reconocer lo que ha terminado.

Relaciones

Cuando la identidad cambia, las relaciones también cambian. Los patrones sostenidos por obligación, actuación o resistencia silenciosa comienzan a pedir algo más valiente: honestidad en lugar de deber, elección en lugar de hábito, cambio en lugar de mera supervivencia. Esta fase explora la conexión cuando las mujeres dejan de organizar su vida alrededor de ser necesarias.

El **Capítulo 6, El Coraje de No Ser Necesaria**, examina qué queda cuando los roles se aflojan y la relevancia ya no depende de la indispensabilidad.

El **Capítulo 7, La Amistad en la Segunda Mitad de la Vida**, aborda cómo la intimidad se profundiza cuando la comparación se disipa y el vínculo deja de basarse en desempeño compartido u obligación.

El **Capítulo 8, Visibilidad sin Actuación: Ser Vista sin Tener que Probar**, invita a considerar una forma más serena y arraigada de visibilidad que nace de la alineación, no del esfuerzo.

El **Capítulo 9, Amar sin Obligación**, reencuadra la autonomía y los límites como fuerzas que fortalecen, no como amenazas a la intimidad, invitando a un amor elegido libremente en lugar de sostenido por sacrificio o deber.

El **Capítulo 10, Intimidad y Deseo**, restaura el deseo al retirar la actuación y restablecer seguridad, honestidad y presencia.

El **Capítulo 11, Dinero y Poder en la Pareja**, aborda el dinero como un lenguaje relacional, explorando poder sin dominación y contribución sin control.

El **Capítulo 12, Cuando Elegirte a Ti Misma Altera la Sala**, explora lo que ocurre cuando el crecimiento encuentra resistencia — cuando parejas, hijos o amistades luchan por adaptarse a la mujer en la que te estás convirtiendo. Nombra la fricción, normaliza la reacción y ofrece un anclaje para mantenerte fiel a ti misma sin perder compasión.

El **Capítulo 13, Por Qué los Hombres Prosperan al Lado de una Mujer Experimentada**, examina cómo responden los hombres cuando las mujeres de su vida dejan de actuar, rescatar y hacerse pequeñas — y cómo muchas relaciones se profundizan cuando la coherencia reemplaza la acomodación.

Esta fase plantea una pregunta central: **¿Qué se vuelve posible en la relación cuando ya no te abandonas a ti misma para seguir conectada?**

Cuerpo y Tiempo

Con los patrones relacionales examinados, el viaje se dirige hacia el cuerpo y hacia la experiencia vivida del tiempo — a menudo el lugar donde las mujeres reportan el mayor alivio.

El **Capítulo 14, El Descanso como Inteligencia**, reencuadra el descanso como sabiduría y no como debilidad, e invita al cuerpo a volver a participar en la toma de decisiones.

El **Capítulo 15, Vitalidad en Presencia de la Pérdida**, aborda lo que esta temporada también incluye — enfermedad, limitación física, cuidado de otros y mortalidad — y explora cómo la vitalidad sigue siendo posible, no negando la pérdida, sino permaneciendo presentes dentro de ella.

El **Capítulo 16, El Sistema Nervioso Sabe**, fundamenta estos cambios en la fisiología, mostrando cómo la regulación restaura claridad, conexión y elección.

El **Capítulo 17, El Cuerpo como Aliado**, reconoce el cambio físico, la enfermedad, la pérdida y la mortalidad sin rendirse ante ellas, devolviéndole al cuerpo su lugar como fuente de información y no como problema que resolver.

El **Capítulo 18, El Tiempo Recuperado**, suelta la urgencia e invita a una manera distinta de habitar el tiempo, una enraizada en presencia más que en presión.

Aquí, la pregunta se vuelve: **¿Qué cambia cuando dejas de ignorar tu cuerpo y comienzas a confiar en su inteligencia?**

Presencia y Libertad

A medida que se fortalece la autoridad interna, el envejecimiento se convierte en un espacio de liberación más que de disminución.

El **Capítulo 19, Envejecer sin Disculpas: Liberar la Vergüenza y Confiar en Ti Misma**, se centra en el giro interno que ocurre cuando la validación externa pierde autoridad.

El **Capítulo 20, Voz, Visibilidad y Belleza Redefinidas**, explora cómo ese cambio interno transforma la presencia, la expresión y la manera de mirarte.

El **Capítulo 21, La Sabiduría del Tiempo Oportuno**, honra el discernimiento: saber cuándo actuar, cuándo esperar y cuándo soltar.

El **Capítulo 22, Vivir con Suficiente**, libera la mentalidad de escasez y permite que la suficiencia se registre no como compromiso, sino como libertad.

El **Capítulo 23, Mentoría sin Control**, reencuadra la influencia como generosidad y no como propiedad, ofreciendo guía sin apego al resultado.

Esta fase pregunta: **¿Qué se vuelve posible cuando ya no necesitas probar tu valor para ocupar espacio?**

Legado

Al cerrar el libro, la mirada se amplía más allá de lo personal hacia la contribución y el significado.

El **Capítulo 24, Lo Femenino como Fuerza Estabilizadora**, nombra lo femenino no como un rol, sino como una manera de ser — serena, relacional y coherente dentro de sistemas inestables.

El **Capítulo 25, Donde Comienzas**, se encuentra contigo en la realidad práctica de una vida que aún está llena de obligaciones. Ofrece una guía compasiva para lo que realmente pueden verse como la primera semana, el primer mes y la primera temporada de elegirte — no como una transformación dramática, sino como una serie de pequeños experimentos honestos.

El **Capítulo 26, La Revolución Silenciosa**, lleva el viaje a la llegada, no como un final, sino como una manera de vivir: presencia sobre prueba, alineación sobre aprobación, coherencia sobre actuación.

El **Capítulo 27, Legado — Alegría, Abundancia y Lo Que Dejamos Atrás**, explora cómo las decisiones tomadas en esta etapa se expanden hacia el futuro — mediante una alegría modelada más que prescrita, una abundancia compartida más que acaparada, y valores transmitidos por cómo vivimos más que por lo que dejamos.

Esta hoja de ruta no pretende apresurarte. Puede que te reconozcas más en capítulos posteriores que en los primeros. Puede que vuelvas atrás. Eso es intencional. El crecimiento no es lineal. Se despliega por temporadas.

No se te está pidiendo convertirte en alguien distinta. Se te invita a vivir como tú misma con menos disculpas, menos urgencia y mayor coherencia.

Tómate tu tiempo. Deja que los capítulos te encuentren donde estás. Este libro no está delante de ti.

Camina a tu lado.

Preguntas de Reflexión

1. ¿Qué fase de este viaje se siente más inmediata para ti en este momento?

2. ¿Dónde percibes disposición para el cambio y dónde sientes que se necesita paciencia?

3. ¿Qué significaría confiar en el orden en que se revela la claridad?

4. ¿Cómo sueles atravesar las transiciones: con urgencia o con curiosidad?

5. ¿Qué significa "llegar" para ti en esta etapa de la vida?

CAPÍTULO 4:
EL DOLOR DEQPUÉS DEL EXITO

"El dolor no es una señal de debilidad ni falta de fe. Es el precio del amor."
— Reina Isabel II

Existe un tipo de duelo que no proviene de la pérdida en el sentido tradicional. No se anuncia con ceremonia ni pide permiso. Llega en silencio, a menudo de manera inesperada, después del éxito. Es el duelo de la realización: el reconocimiento de que alcanzar aquello por lo que trabajaste no entregó todo lo que te prometieron que entregaría.

Mi queridísima amiga Connie estaba sentada frente a mí, serena y elocuente, describiendo su vida con precisión.

Una carrera exitosa.

Hijos adultos a quienes les va bien.

Estabilidad financiera.

Un calendario que, por fin, tenía espacio.

Hablaba con calma, casi de forma clínica, como si estuviera presentando un estudio de caso más que habitando una vida.

Su sonrisa aparecía en los momentos adecuados — cortés, simétrica, constante. Pero se quedaba medio segundo de más, como si esperara confirmación de que era la respuesta correcta.

Cuando mencionó lo silenciosa que se sentía la casa ahora, su mirada se fue por un instante hacia la ventana. Apenas un destello. Cuando habló de "por fin tener tiempo para ella", sus dedos recorrieron el borde de la taza de café, despacio, en círculos, sin darse cuenta.

"Trabajé duro para esto", dijo. "Esto es lo que quería."

Y tenía razón.

No había fracaso en su historia. No había fractura visible. Todo lo que alguna vez se propuso había sido alcanzado.

Pero cuando hizo una pausa entre frases, entró algo más en la habitación.

Una suavidad alrededor de sus ojos. Una fatiga que no era del cuerpo, sino de identidad.

Ya no estaba escalando.

Y aún no había aprendido a quedarse quieta.

La escuché con atención, asentí, hice preguntas suaves. Pero en algún punto, en medio de sus palabras, una realización silenciosa me atravesó.

Reconocí el paisaje que describía.

No porque nuestras vidas fueran idénticas.

Sino porque el tono me resultaba familiar.

El encuadre cuidadoso.

La gratitud expresada con claridad.

La ausencia de queja.

Y, debajo de todo, una desorientación sutil.

En Connie vi algo que aún no había admitido en mí.

El duelo que viene después del logro.

No un duelo por lo perdido afuera, sino por un rol que ya no te define.

Durante décadas, nuestras identidades habían sido reforzadas por el movimiento: por ser necesarias, por ser decisivas, por estar al centro de la acción. El éxito tenía dirección. Apuntaba hacia adelante.

¿Pero qué ocurre cuando la dirección cambia?

¿Qué sucede cuando se disuelve la estructura que organizaba tu energía?

Mientras Connie hablaba, sentí un ligero nudo en el pecho, no de alarma, sino de reconocimiento.

Yo había estado llamando "fatiga" a mi experiencia.

Pero quizá era otra cosa.

Quizá era el duelo sutil de la transición. El duelo de haber superado el marco que antes me validaba. El duelo de estar en un espacio amplio sin saber todavía quién era dentro de él.

Ver a Connie me permitió verlo sin defensas.

Fue más fácil nombrarlo primero en ella.

Y una vez nombrado, ya no podía permanecer oculto en mí.

El duelo después del éxito no grita. Susurra.

Aparece en sonrisas educadas. En narrativas bien gestionadas. En frases que comienzan con "Debería sentir..."

No niega el orgullo.

Convive con él.

Y aquella tarde, sentada frente a mi amiga, comprendí algo con claridad:

No éramos ingratas. Estábamos en transición.

Algunas formas de duelo no provienen de la muerte, el divorcio o la catástrofe. Llegan en silencio, sin ceremonia ni permiso. Aparecen — a menudo de manera inesperada — después del éxito. Son el duelo de la realización: el reconocimiento de que alcanzar aquello por lo que trabajaste no entregó todo lo que te prometieron que entregaría.

Este duelo suele sorprender a la mujer que lo siente. Desde afuera, nada parece estar mal. La vida está intacta. El currículum está lleno. La historia familiar tiene continuidad. Las estructuras que antes se sentían estabilizadoras siguen en pie. Y, sin embargo, por dentro, algo se siente vaciado. Se instala una punzada suave, no lo bastante aguda como para llamarla dolor, pero lo suficientemente constante como para ya no poder ignorarla.

Este es un duelo sin permiso.

Como no encaja en narrativas conocidas de pérdida, rara vez se reconoce. No existe un guion cultural para llorar el éxito. Como resultado, muchas mujeres se sienten confundidas por sus emociones. La tristeza o la inquietud aparecen en un momento que "debería" sentirse satisfactorio. En lugar de curiosidad, suele surgir el autojuicio. Una mujer puede preguntarse qué le pasa, por qué la gratitud no llega con facilidad, por qué el logro se siente más pesado de lo esperado.

Esa interpretación errónea intensifica el duelo.

El éxito no es neutral. Cierra puertas además de abrirlas. Aclara lo que ya no será posible. Trae finalidades para ciertas versiones de una misma que durante años vivieron como potencial. Cuando el éxito se asienta como permanencia, se disuelve la fantasía de que "habrá tiempo después".

El duelo emerge no porque la vida esté mal, sino porque es real.

Hay duelo por los yoes que fueron postergados. La artista que esperó. La exploradora que deshizo su maleta y eligió la previsibilidad. La versión de feminidad aplazada en nombre de responsabilidad, estabilidad, cuidado o aprobación. Esos yoes no eran imaginarios. Vivían por dentro, moldeando deseo, imaginación y anhelo. Cuando el camino hacia adelante se estrecha, su ausencia se vuelve palpable.

También hay duelo por el esfuerzo invertido.

Muchas mujeres llegan al éxito cargando un cansancio que fue aplazado en lugar de sentido. Durante los años de lucha, resistir se vuelve estrategia. El cuerpo y la psique cooperan postergando la sensación al servicio del impulso. Cuando el esfuerzo se detiene o disminuye, lo que estuvo contenido comienza a salir a la superficie. Fatiga, tristeza o entumecimiento pueden aparecer sin causa clara. Esto no es regresión. Es ajuste de cuentas.

Otra capa de duelo surge de la desilusión.

Las narrativas culturales prometen plenitud a través del logro, seguridad a través de la productividad y sentido a través de la contribución. Estas promesas no son totalmente falsas, pero sí incompletas. Cuando el éxito entrega estructura pero no totalidad, las mujeres deben reconciliar la brecha entre expectativa y realidad vivida. Esa brecha no es fracaso. Es claridad.

El duelo después del éxito a menudo incluye el luto por la simplicidad del esfuerzo temprano. Cuando las metas eran claras, la vida parecía direccional. La energía tenía un lugar adonde ir. En la segunda mitad de la vida, aumenta la ambigüedad. Puede haber más libertad, pero también menos estructura. La ausencia de "siguientes pasos" evidentes puede sentirse como pérdida, aunque sea posibilidad disfrazada.

Este duelo suele coexistir con el orgullo.

Una mujer puede estar agradecida por lo que construyó y aun así llorar lo que dejó atrás. Puede amar su vida y aun así sentirse limitada por ella. Estas emociones no se cancelan. Reflejan la complejidad de una vida plenamente vivida. Sostener ambas requiere madurez emocional, no una resolución inmediata.

Muchas mujeres intentan saltarse este duelo reinventándose rápidamente. Nuevos proyectos. Nuevas metas. Nuevas formas de productividad. La reinvención puede ser valiosa; pero cuando se utiliza para evitar el duelo, suele recrear los mismos patrones que llevaron al agotamiento. El duelo no responde a la distracción. Pide reconocimiento.

Cuando los Hombres Llegan al Mismo Umbral

Este duelo no es exclusivo de las mujeres.

Los hombres también lo experimentan, aunque a menudo llega de manera distinta y se reconoce más tarde. Para muchos hombres, la identidad ha estado estrechamente ligada a la utilidad, la provisión, la autoridad o el impulso. El éxito puede reforzar esas estructuras durante décadas, aplazando el ajuste de cuentas en lugar de resolverlo.

Cuando el duelo llega, suele manifestarse en la conducta antes que en la emoción.

Un hombre puede sentirlo cuando la jubilación le quita relevancia cotidiana. Cuando cambios de salud interrumpen su ritmo. Cuando la autoridad se suaviza y la sala deja de orientarse en torno a él. Puede sentirse inquieto, irritable o desubicado sin entender por qué. Puede que no tenga el lenguaje del duelo disponible, pero la experiencia es igual de real.

A menudo los hombres lamentan primero la pérdida de estructura antes de lamentar la pérdida del yo.

Lloran la pérdida de métricas claras, horarios o roles que organizaban sus días. Cuando esos anclajes externos desaparecen, emerge algo más silencioso. Sin la estructura que definía su valor, aparece una pregunta interna, a veces sin palabras: ¿Quién soy cuando ya no me necesitan de la misma manera?

Donde las mujeres suelen sentir el duelo por dentro y en lo relacional, los hombres a menudo lo encuentran a través de la interrupción, el retraimiento o la sobreexigencia. Surgen nuevos emprendimientos. La productividad compulsiva se intensifica.

O el cuerpo interviene mediante enfermedad o agotamiento, forzando una pausa que el lenguaje aún no permitía.

Esto no es evasión. Es socialización.

A los hombres con frecuencia se les enseña a atravesar el duelo haciendo en lugar de nombrar. Resolviendo en lugar de sentir. Reconstruyendo estructura en lugar de interrogar el sentido. Con el tiempo, sin embargo, aparece la misma verdad: el éxito tiene un costo. El tiempo es finito. Algunos yoes no llegarán a vivirse.

El duelo es el encuentro con esa realidad.

El Dolor como Integración, No como Fracaso

El duelo después del éxito es relacional tanto para mujeres como para hombres.

Puede cambiar la manera en que las parejas se ven. Las expectativas se mueven. Los roles antiguos se sienten más estrechos. Conversaciones que antes bastaban ahora se sienten delgadas. Esto no significa que las relaciones hayan fracasado. Significa que las personas dentro de ellas han cambiado.

Cuando el duelo se honra en lugar de negarse, profundiza la compasión. Hacia una misma. Hacia la pareja que también atraviesa su propio umbral. Hacia versiones más jóvenes que hicieron lo mejor que pudieron con la información que tenían. El duelo suaviza el juicio. Permite cargar la propia vida con más ternura y menos defensa.

Este capítulo no ofrece una solución, porque el duelo no es un problema que resolver. Es una experiencia que reconocer. En los capítulos siguientes exploraremos qué se vuelve posible cuando el duelo se permite en lugar de resistirse. Pero primero, merece ser nombrado y respetado.

Si sientes este duelo, no llegaste tarde. No estás rota. No eres ingrata. Estás respondiendo con honestidad a una vida que se ha desplegado con complejidad y costo.

Este duelo no es el fin del sentido.

A menudo es el comienzo de la verdad.

Preguntas de Reflexión

1. ¿Qué formas de éxito en tu vida han traído tristeza inesperada, inquietud o una decepción silenciosa?

2. ¿Qué versiones de ti misma lamentas en silencio, aunque casi no lo digas?

3. ¿Cómo han moldeado las promesas culturales sobre el éxito lo que esperabas que la vida "se sintiera"?

4. ¿Dónde coexisten gratitud y duelo para ti, y cómo sueles responder a esa tensión?

5. ¿Qué esfuerzo, resistencia o sacrificio aún no te has permitido reconocer plenamente?

6. ¿Cómo podría estar apareciendo el duelo de manera diferente en las personas más cercanas a ti?

7. ¿Qué podría volverse posible si este duelo fuera honrado en lugar de evitado?

CAPÍTULO 5:
RECIBIR EN LUGAR DE LOGRAR

*"Existe una manera de vivir que no requiere demostrar
constantemente."*
— David Whyte

Para muchas mujeres, el logro ha sido el lenguaje principal de la seguridad. Ha ofrecido estructura, dirección y tranquilidad. A través del logro, las mujeres han aprendido a asegurar estabilidad, ganar respeto y justificar su lugar en el mundo. Lograr no ha sido superficial ni impulsado por el ego. Ha sido adaptativo. Ha ayudado a las mujeres a navegar sistemas que recompensan la producción con más facilidad que la presencia.

Cuando una mujer llega a la segunda mitad de la vida, el impulso de lograr suele estar profundamente arraigado. Moldea cómo se acerca al trabajo, a las relaciones, a la salud e incluso a su sentido de identidad. Las metas organizan el tiempo. El esfuerzo define el valor. El progreso se mide por resultados. Esta orientación la ha llevado lejos. Ha construido vidas, familias, carreras y comunidades.

Lo que comienza a cambiar no es la competencia, sino el apetito.

Cuando el duelo es reconocido, a menudo le sigue un giro sutil. El impulso de lograr no desaparece, pero pierde su dominio. Las tareas pesan más. Los hitos satisfacen menos. Las recompensas habituales del esfuerzo ya no "caen" de la misma manera. Empieza a surgir una pregunta silenciosa, a veces sin palabras:

¿Y si el esfuerzo ya no es el modo principal de relacionarme con la vida? ¿Y si hacer más no es la respuesta?

Aquí entra el recibir, no como pasividad, sino como una inteligencia alternativa.

Recibir no significa abandonar la agencia ni la ambición. No significa retirarse de la vida ni renunciar a la responsabilidad. Significa permitir que la vida ofrezca, en lugar de insistir en que todo deba ganarse. Para mujeres que han pasado décadas logrando, esto puede sentirse desorientador. Recibir carece de métricas familiares. No se puede rastrear, optimizar o justificar con facilidad. Exige confianza más que control. Invita a la presencia más que a la actuación.

Muchas mujeres descubren lo difícil que es, en realidad, recibir. Se rechazan cumplidos. Se declina ayuda. Se pospone el placer. El descanso solo se permite después de la productividad. Incluso la amabilidad puede incomodar si no se devuelve de inmediato. Esta resistencia no es arrogancia ni egoísmo. Es condicionamiento. Cuando el valor se ha atado al esfuerzo, recibir puede sentirse inmerecido o inseguro.

Recibir también expone vulnerabilidad.

Recibir es admitir apertura e interdependencia. Exige soltar la identidad que dice: "Soy valiosa porque gestiono, proveo, resisto o cargo a otros." Para mujeres de las que se ha dependido durante gran parte de su vida, esto puede sentirse riesgoso. Recibir pide suavizar la vigilancia que antes mantenía todo unido.

Mi amiga Sonia describió cómo se daba cuenta de que convertía cada oportunidad en un proyecto. Las invitaciones se volvían obligaciones. El apoyo se convertía en algo que debía devolver de inmediato. Incluso los momentos de facilidad se sentían provisionales. Cuando experimentó simplemente aceptar lo ofrecido, sin compensarlo, se sintió inquieta. Con el tiempo, también se sintió más ligera. Recibir no la hizo menos capaz. Suavizó la urgencia y le devolvió la capacidad de disfrutar.

Mi hermana, Zulema, notó su resistencia con mayor claridad en el cuerpo.

Hablaba de cómo el descanso nunca se sentía completo. Incluso acostada, su mente permanecía alerta, buscando qué seguía. El placer — incluso algo tan simple como un masaje — se sentía indulgente. Se sentía más cómoda empujando a través de la incomodidad que permitiéndose ser cuidada. Cuando su pareja ofrecía atención, ella solía desviar la conversación o insistir en que estaba bien.

Durante un período de agotamiento físico, se vio obligada a bajar el ritmo. Al principio, trató el descanso como una tarea que completar. Luego, algo cambió. Se permitió quedarse quieta más tiempo del planeado. Dejó que su cuerpo recibiera calor, apoyo y contacto sin explicación. La experiencia la sorprendió. Lo que sintió no fue debilidad, sino alivio. Su cuerpo no necesitaba ser administrado. Necesitaba ser confiado.

Recibir, comprendió, no se trata de dejar de esforzarse. Se trata de aflojar el agarre del control. Se trata de terminar con la creencia de que el esfuerzo es requisito para merecer cuidado.

Recibir cambia el centro de gravedad hacia adentro.

En lugar de escanear qué hay que hacer después, la atención se mueve hacia lo que ya está presente. Esto cambia la forma de experimentar el tiempo. Los momentos dejan de ser meramente transitorios. Se habitan. La vida empieza a sentirse menos como una secuencia de tareas y más como una experiencia en despliegue. Hay espacio para la sensación, la reflexión y el significado.

Esto no significa que el esfuerzo desaparezca. Significa que el esfuerzo se vuelve selectivo.

Lograr ya no es la respuesta automática ante la incomodidad o la incertidumbre. A veces, la acción más sabia es pausar, permitir o escuchar. Recibir enseña discernimiento. Pregunta si la acción es realmente necesaria o si la presencia es suficiente. Crea espacio para percibir qué se está pidiendo, en lugar de reaccionar por hábito.

Recibir también transforma las relaciones.

Cuando las mujeres dejan de demostrar su valor manteniéndose ocupadas, rechazando cumplidos o declinando ayuda, la conexión se vuelve menos transaccional. La ayuda puede aceptarse sin culpa. El amor puede recibirse sin pagar. La atención puede disfrutarse sin actuación. Esto profundiza la intimidad y reduce el agotamiento. Las relaciones se convierten en lugares de intercambio, no de aguante.

Muchas mujeres temen que recibir las vuelva complacientes o dependientes. En la práctica, suele ocurrir lo contrario. Cuando recibir se integra, la energía se repone. La creatividad regresa. El deseo se aclara. La acción se vuelve más intencional, menos compulsiva. El esfuerzo nace de la plenitud, no del vaciamiento.

Recibir no es una técnica que dominar. Es una orientación: un cambio en la relación con el cuidado, el placer y el apoyo.

A menudo comienza en formas pequeñas y sin brillo: permitir el descanso sin justificarlo. Dejar que un cumplido llegue sin desviarlo. Aceptar ayuda sin disculpas. Disfrutar algo sin "ganárselo" primero. Estos momentos pueden incomodar al inicio. Esa incomodidad no es una señal para detenerse. Es una señal de que un patrón profundo se está aflojando.

Con el tiempo, recibir se vuelve una forma de autorrespeto.

Señala que una mujer confía en su valor inherente. Que ya no necesita extraer valor de cada momento. Que la vida no tiene que conquistarse para ser significativa. Recibir afirma que la existencia misma es justificación suficiente para el cuidado, el placer y el apoyo.

En la segunda mitad de la vida, recibir suele volverse más natural. El cuerpo señala límites. El tiempo se siente finito. La ilusión de que todo debe ganarse empieza a quebrarse. Recibir ofrece una forma de vivir con menos fuerza y más gracia, sin abandonar la participación ni la contribución.

Este capítulo no sostiene que lograr haya estado mal. Honra lo que el logro hizo posible y la resiliencia que exigió. Simplemente invita a un nuevo equilibrio: uno en el que esfuerzo y apertura coexisten, y donde la contribución fluye desde la coherencia, no desde la compulsión.

Recibir en lugar de lograr no es un retiro de la vida.

Es una participación más profunda en ella.

Preguntas de Reflexión

1. ¿Cómo ha moldeado el logro tu sentido de valor a lo largo del tiempo?

2. ¿Dónde notas resistencia a recibir apoyo, descanso o reconocimiento?

3. ¿Qué miedos aparecen cuando imaginas no tener que "ganarte" todo lo que recibes?

4. ¿Cómo responde tu cuerpo cuando te permites recibir sin justificación?

5. ¿En qué áreas de tu vida podría el recibir aportar más claridad que el esfuerzo?

6. ¿Cómo cambian tus relaciones cuando dejas de demostrar tu valor?

7. ¿Qué significaría confiar en que eres digna de lo que llega a ti ahora?

CAPÍTULO 6:
EL CORAJE DE NO SER NECESARIA: LIBERAR ROLES SIN PERDER RELEVANCIA

"Hay una temporada para la utilidad y una temporada para la presencia. Ambas son sagradas."
— Clarissa Pinkola Estés

Durante gran parte de la vida, ser necesaria se siente como amor y como prueba de valor. Nos elogian por nuestra confiabilidad, nuestra disponibilidad, nuestra disposición a intervenir y mantener todo unido. Con el tiempo, la utilidad se convierte en algo más que lo que hacemos. Se convierte en la manera en que pertenecemos.

Con el tiempo, los roles se solidifican. Se nos conoce como la que resuelve problemas, la cuidadora, la fuerte, la confiable, la que siempre responde. Ser necesaria se siente estabilizador. Responde a la pregunta de quiénes somos, a veces con tanta fuerza que dejamos de hacernos cualquier pregunta más profunda.

Este cambio se volvió claro cuando me descubrí diciendo que sí de forma automática. Sí, a ayudar. Sí, a intervenir. Sí, a llenar vacíos que otros aún no habían aprendido a llenar. Muchas veces ni siquiera me lo pedían. Yo me adelantaba. Respondía a una expectativa interna: que mi valor dependía de ser indispensable.

Había consuelo en ese patrón. También había erosión: del deseo, del descanso, de la alegría silenciosa que antes llegaba con facilidad.

Una tarde, elegí no intervenir en una situación que normalmente habría gestionado.

Estábamos sentados alrededor de una mesa de conferencias revisando una propuesta que empezaba a tambalearse. Las proyecciones estaban ligeramente desalineadas. El cronograma se sentía demasiado optimista. Podía ver los puntos débiles al instante: años de experiencia habían entrenado mi mirada para detectar el riesgo antes de que se hiciera visible.

La sala quedó en silencio.

Este era el momento en el que yo, por lo general, me inclinaba hacia adelante y recalibraba todo. Conocía el lenguaje. Conocía la solución. Podía restaurar el orden en menos de un minuto.

Mi cuerpo se preparó para actuar: una inhalación pequeña, un ajuste de postura, la recolección familiar de palabras.

Y entonces me detuve.

Dejé que el silencio se extendiera.

Se sintió antinatural. Casi negligente.

Una parte de mí asociaba intervenir con responsabilidad. Si veía la falla y no la corregía, ¿era cómplice? ¿Estaba reteniendo competencia?

La incomodidad en la sala se alargó.

Entonces alguien más habló.

Al principio con cautela. Luego con más claridad. Se nombró el supuesto defectuoso. Se reconsideró el pronóstico. Se ajustó el cronograma. La responsabilidad cambió de manos.

Nadie recurrió a mí para rescatar la situación.

Nada se derrumbó.

De hecho, algo se fortaleció.

Mientras la conversación se reorganizaba sin mi orquestación, sentí un cambio sutil pero profundo dentro de mí. El reflejo de controlar no venía del ego. Venía de la identidad.

Durante décadas, ser capaz había significado ser central. Ser responsable había significado ser necesaria. Ser empática había significado anticipar y suavizar aquello que otros dudaban en enfrentar.

El control, en ese contexto, no era dominación. Era protección. Era eficiencia. Era cuidado.

Pero en la segunda mitad de la vida, la arquitectura de la identidad comienza a cambiar.

Ya no estamos construyendo desde cero. Ya no estamos demostrando competencia. Ya no estamos asegurando posición. La urgencia que antes alimentaba el control empieza a suavizarse.

Lo que queda es una pregunta más profunda:

¿Quién soy si no soy la que mantiene todo unido?

El control a menudo se disfraza de virtud. Susurra que si aflojamos el agarre, los estándares caerán, las relaciones se tensarán, los resultados se deteriorarán.

Pero a veces el control es simplemente miedo con ropa refinada.

Miedo a la irrelevancia.

Miedo a no ser necesaria.

Miedo a ver a otros luchar.

La disciplina de aquella tarde no fue silencio por el silencio. Fue confianza.

Confianza en que otros podían elevarse.Confianza en que liderar no exige afirmación constante.Confianza en que mi valor en la sala no dependía de ser indispensable.

En temporadas anteriores, el control construyó estabilidad. Creó seguridad para mi familia, mis colegas y mis clientes. Fue apropiado entonces.

Pero en esta temporada, el control comenzó a sentirse pesado.

La segunda mitad de la vida invita a otra postura.

Menos aferrarse.

Más permitir.

Menos orquestar.

Más presenciar.

Nos pide pasar de ser esenciales a ser expansivas. De gestionar resultados a desarrollar capacidad. De dirigir la energía hacia afuera a redescubrirla por dentro.

Soltar el control no es pasividad. Es maduración.

Es confiar en que los sistemas que ayudamos a construir pueden funcionar sin supervisión constante. Es confiar en que las personas en las que invertimos pueden navegar la complejidad sin nuestra corrección inmediata. Es confiar en que la identidad no se borra cuando disminuye la actividad.

La realización más sorprendente fue esta:

Cuando aflojé el agarre, no desaparecí.

Me volví más ligera.

Y en esa ligereza, algo nuevo comenzó a formarse: no basado en ser necesaria, sino en estar alineada.

Ahí entendí que liberar roles no es lo mismo que perder relevancia. La relevancia basada en la obligación es frágil; requiere refuerzo constante. Pero la relevancia basada en la presencia perdura. No depende de la demanda. Se sostiene en el ser, no en el hacer.

El coraje de no ser necesaria no es retiro. Es confianza.

He visto este cambio de forma especialmente conmovedora en las familias, en particular entre padres e hijos adultos. Mi amiga Joan luchó profundamente para dar un paso atrás en la vida de sus hijos ya mayores. Creía que amar significaba disponibilidad constante, consejos y protección. Temía que, si dejaba de ofrecer soluciones, se volvería invisible.

Cuando finalmente eligió la contención — no indiferencia, sino respeto — sus relaciones cambiaron. Sus hijos no se alejaron. Se acercaron de otra manera. Las conversaciones se volvieron más reflexivas. Las solicitudes, más intencionales. El consejo, cuando llegaba, tenía más peso porque ya no era permanente. No ser necesaria creó espacio para la reciprocidad en lugar de la dependencia.

En las parejas, este cambio puede ser transformador.

Cuando los roles se suavizan, la conexión se profundiza. Nadie queda asignado como el rescatador o el dependiente. Nadie carga solo con el trabajo emocional. Se encuentran dos adultos, no dos funciones. El amor deja de fluir por obligación y comienza a fluir por elección.

Un hombre compartió que, cuando dejó de ser el "arreglador" en su matrimonio — siempre gestionando emociones, logística y resultados — su esposa entró en su autoridad. La relación se volvió más liviana. El deseo regresó. El respeto creció. Soltar el rol no debilitó el vínculo. Lo fortaleció.

También hay un giro interno profundo cuando los roles se disuelven.

La energía que antes se gastaba en sostener la utilidad queda disponible para la curiosidad, la creatividad y el descanso. Emergen preguntas que antes se habían pospuesto: ¿Qué disfruto cuando nadie me mira? ¿Qué me atrae cuando no hay un resultado de por medio? ¿Qué se siente verdadero, más allá de lo necesario?

Esta temporada invita a otra forma de contribuir.

En lugar de hacer más, transmites más calma, perspectiva, estabilidad y sabiduría. Estas cualidades no se pueden forzar ni agendar. Se perciben. Llegan a través de la presencia, no del esfuerzo.

He notado que la gente se acerca a quienes ya no corren por relevancia. Hay algo profundamente estabilizador en alguien que está en paz con no ser necesario. Su presencia se siente asentada. Sus palabras pesan porque no compiten por atención. Su silencio no está vacío. Está lleno de espacio.

Liberar roles también requiere duelo.

Puedes lamentar identidades que alguna vez te definieron: la líder, la cuidadora, la que logra. Soltar no borra los años en que esos roles importaron. Los honra permitiendo evolución. El duelo aquí no es arrepentimiento. Es respeto por lo que se sostuvo con fidelidad y ahora está listo para descansar.

No te estás volviendo menos. Te estás volviendo más libre.

Vivir sin ser necesaria es descubrir que tu valor nunca fue condicional. No tienes que ganar pertenencia a través de la utilidad. Perteneces porque estás aquí, porque tu presencia importa independientemente de tu función.

En esta verdad, la relevancia se vuelve más silenciosa, más profunda y mucho más duradera. Ya no exige desempeño. No se desvanece cuando cambian los roles. Permanece porque está arraigada en el ser, no en la necesidad.

Preguntas de Reflexión

1. ¿Qué roles han moldeado con más fuerza tu sentido de valor a lo largo de tu vida?

2. ¿Dónde sigues siendo necesaria por hábito más que por verdadera necesidad?

3. ¿Qué emociones surgen cuando imaginas dar un paso atrás en ciertos roles: alivio, miedo, duelo, libertad?

4. ¿De qué maneras tu presencia podría ser más valiosa que tu intervención?

5. ¿Qué nuevas formas de contribución podrían emerger si te permitieras no ser necesaria?

CAPÍTULO 7:
LA ARMISTAD EN LA EGUNDA MITAD DE LA VIDA

"Algunas personas caminan con nosotras por una temporada. Otras, toda la vida. La sabiduría está en saber la diferencia."
— Maria L. Ellis

La amistad cambia en la segunda mitad de la vida, a menudo con más silencio que cualquier otra relación. Rara vez hay un final claro: no existe una conversación definitiva ni una ruptura dramática. En su lugar, hay un desplazamiento gradual que al principio es fácil pasar por alto. Las llamadas se devuelven más lentamente. Las invitaciones se posponen en vez de rechazarse. Las conversaciones se sienten más superficiales, más corteses, menos reveladoras. El esfuerzo para mantenerse conectadas aumenta, mientras el alimento emocional disminuye sutilmente. Muchas mujeres lo perciben mucho antes de estar dispuestas a nombrarlo.

Y como la amistad se elige y no se asigna, su evolución puede sentirse especialmente desorientadora.

Cuando un matrimonio cambia, existe lenguaje para eso. Cuando una carrera termina o transiciona, hay ceremonias, cenas de retiro, anuncios en LinkedIn, discursos de despedida. Existe estructura. Existe permiso social.

Pero cuando una amistad se afloja, casi nunca hay un guion.

Pienso en mi amiga Diane.

Nos conocimos en los años en que la vida era plena y rápida. Los hijos todavía en casa. Las carreras en ascenso.

Los calendarios apretados. Al principio nos unió la logística: carpools, eventos escolares, frustraciones compartidas por reuniones tardías y prácticas tempranas. Lo que comenzó como conveniencia se volvió afecto.

Diane era aguda, decidida, ferozmente leal. Tenía una risa que llegaba antes de que el remate terminara de formarse. Caminábamos juntas por el vecindario al atardecer, "arreglando el mundo" a paso firme. Comparábamos notas sobre crianza, negocios, padres envejeciendo. En muchos sentidos, estábamos alineadas.

Durante años, nuestro ritmo fue estable.

Pero las temporadas cambian en silencio.

A medida que mi vida interior empezaba a transformarse — menos urgencia, más reflexión — nuestras conversaciones comenzaron a sentirse ligeramente desfasadas. Ella seguía energizada por la expansión: nuevos comités, nuevas iniciativas, nuevos círculos sociales. Yo empezaba a anhelar profundidad más que movimiento.

Una tarde, durante un almuerzo, ella se inclinó hacia adelante, animada.

"Necesitas involucrarte en esto", insistió. "Serías perfecta. Necesitan a alguien fuerte."

Sonreí. Esa descripción tan conocida: alguien fuerte.

"No estoy segura de que quiera ser necesaria así en este momento", respondí con suavidad.

Hizo una pausa, apenas un instante.

"¿Qué quieres decir?", preguntó.

Busqué un lenguaje que no sonara a rechazo.

"Creo que estoy en otra temporada", contesté. "Menos construir. Más... escuchar."

Asintió con cortesía. Pero la corriente cambió.

No fue una fractura dramática. No hubo traición. No hubo palabras duras. Solo un adelgazamiento gradual del impulso compartido.

Las llamadas se volvieron menos frecuentes. Las invitaciones se rechazaban más a menudo, no por enojo, sino por honestidad. Las caminatas largas se acortaron. Luego se detuvieron.

Y aquí está la verdad incómoda que nadie enseña:

No existe un final formal para una amistad que simplemente evoluciona.

No programas una conversación de cierre. No redactas una declaración. No devuelves la última llamada diciendo: "Ya no me alineo con esta versión de nosotras."

En su lugar, dudas.

Dejas sonar una llamada hasta el buzón porque no tienes energía para ese ritmo familiar. Te dices que la devolverás más tarde. El "más tarde" se estira. El hilo de mensajes se queda quieto.

Y entonces llega la interrogación incómoda:

¿Estoy siendo egoísta?

¿Me volví distante?

¿Esto es evitación o discernimiento?

Porque a las mujeres se nos enseña que la lealtad es una virtud, y que la distancia implica culpa.

Durante un tiempo asumí que el cambio debía ser una falla mía; que quizá me había vuelto menos generosa, menos disponible, menos interesante.

Pero con el tiempo entendí algo más silencioso.

La amistad, como la identidad, es estacional.

Diane no había hecho nada malo. Yo tampoco.

Simplemente crecimos en direcciones diferentes.

Ella siguió construyendo hacia afuera.

Yo empecé a construir hacia adentro.

La pérdida no fue explosiva. Fue sutil. Y esa sutileza la hacía más difícil de honrar. No hay un duelo socialmente autorizado por amistades que se desvanecen sin conflicto.

Y aun así lo sentí.

No como rabia.

No como resentimiento.

Sino como ternura por lo que habíamos compartido.

La verdad es que cuando una amistad se afloja, muchas veces no lloramos solo a la persona. Lloramos a la versión de nosotras mismas que existía con más fuerza dentro de esa dinámica.

Con Diane, yo era la mujer ambiciosa, orientada a soluciones, en movimiento constante. A medida que me suavicé, esa versión también se suavizó.

Y cuando dejé de devolver llamadas de inmediato, lo que en realidad estaba haciendo era detenerme lo suficiente para preguntar:

¿Esto todavía se siente como verdad?

La segunda mitad de la vida exige un discernimiento que desde afuera puede parecer retiro.

Pero el discernimiento no es crueldad.

Es alineación.

Y a veces, amar a alguien incluye permitir que la relación tome otra forma, incluso si esa forma es distancia.

Cuando las parejas cambian, existe lenguaje para nombrarlo. Cuando las carreras terminan o se transforman, existe estructura y permiso social. Cuando las amistades se aflojan, muchas mujeres asumen que la causa debe ser personal. Se cuestiona la lealtad. Se preguntan si se volvieron difíciles, egoístas o emocionalmente inaccesibles. Buscan culpa en lugar de significado.

En realidad, la amistad está profundamente moldeada por quién nos estamos convirtiendo.

En etapas más tempranas de la vida, muchas amistades se forman por proximidad y necesidad compartida. Los hijos, el trabajo, el cuidado, los vecindarios y el esfuerzo común crean lazos poderosos. Estas amistades son reales y, a menudo, salvadoras. Sostienen a las mujeres en temporadas de agotamiento, crecimiento y supervivencia. Ofrecen compañía en años en que la energía va hacia afuera y la identidad está estrechamente ligada a la responsabilidad.

Pero muchas de estas amistades también están construidas alrededor de quién una mujer necesitaba ser en ese momento: la competente, la complaciente, la que escucha, la que organiza, la que se presenta pase lo que pase. Cuando la vida cambia, esas identidades pueden aflojarse. Y cuando lo hacen, las amistades formadas a su alrededor también pueden aflojarse.

A medida que la identidad cambia en la segunda mitad de la vida, cambian las necesidades relacionales. La actuación cede a la presencia. La validación cede a la verdad. Muchas mujeres descubren que ya no quieren amistades que requieran explicación constante, gestión emocional o autocensura. Notan una nueva sensibilidad al tono, a la profundidad y a la reciprocidad. Lo que antes se sentía familiar ahora se siente trabajoso. Lo que antes se sentía apoyo ahora se siente desalineado.

Esta realización suele traer duelo.

Las mujeres lloran amistades que no terminaron mal —amistades que simplemente ya no encajan. Lloran la historia compartida y el "atajo" emocional de quien te conoce sin necesidad de contexto. Lloran la comodidad de ser recordadas en el tiempo, de tener a alguien que guarda versiones anteriores de ti. Lloran la fantasía de que ciertas amistades permanecerían intactas para siempre, sin ser tocadas por el crecimiento o la diferencia.

Ese duelo se complica por falta de permiso. Pocas mujeres sienten que "tienen derecho" a lamentar una amistad que se desvanece sin conflicto. No hay un motivo claro que señalar, ni una falta que justificar. El final se siente ilegítimo. Y, sin embargo, la ausencia se siente con fuerza.

Una mujer describió que notó que salía de los almuerzos con una amiga de muchos años sintiéndose drenada en vez de conectada. No había nada evidentemente mal. Las conversaciones eran corteses e incluso afectuosas. Reían. Se daban actualizaciones. Y, aun así, se sentía invisible, como si las partes más profundas de ella ya no fueran bienvenidas en esa mesa. Cuando por fin lo admitió, sintió tristeza y alivio. La amistad estaba anclada en quien ella había sido, no en quien se estaba convirtiendo.

Otra mujer compartió que, tras jubilarse, se dio cuenta de cuántas amistades estaban estructuradas alrededor de quejas y camaradería por resistencia. El trabajo había proporcionado un lenguaje compartido de frustración y aguante. Cuando ese contexto desapareció, las conexiones se disolvieron. Al principio se sintió abandonada y confundida. Con el tiempo reconoció que esas amistades habían cumplido su propósito. La habían servido con fidelidad en una temporada y no estaban destinadas a acompañarla en la siguiente.

La amistad en la segunda mitad de la vida se vuelve más selectiva, no porque las mujeres sean menos generosas, sino porque la energía ya no es ilimitada. El tiempo se siente más agudamente. El trabajo emocional tiene un costo más claro. Las mujeres se preguntan, a veces sin intención consciente ¿Dónde me siento más yo? ¿Dónde me siento relajada en lugar de vigilante? ¿Dónde me siento vista sin tener que explicar?

Esta claridad suele crear una temporada intermedia.

Las amistades antiguas se sueltan. Las nuevas aún no se han formado. El mundo social puede sentirse más silencioso. Hay menos invitaciones. El calendario se abre. Muchas mujeres interpretan esto como soledad o fracaso, cuando a menudo es un espacio de transición: un despeje, una pausa entre versiones de conexión.

Este espacio puede incomodar, sobre todo a mujeres acostumbradas a estar socialmente ancladas. Sin embargo, a menudo es necesario para que emerjan nuevas formas de amistad.

En esta etapa, las nuevas amistades suelen formarse de manera distinta. Menos enraizadas en la lucha compartida y más en la presencia compartida. Menos acerca de lealtad a la historia y más acerca de resonancia en el presente. Estas amistades suelen sentirse más livianas, incluso cuando son profundas. El silencio es más fácil. La diferencia es menos amenazante. Hay menos necesidad de impresionar, acomodar o actuar.

Una mujer describió que conoció a una amiga en sus sesentas con quien pudo hablar con apertura desde el inicio. No había historia que sostener ni identidad que proteger. La amistad se sintió inmediata, no por intensidad, sino por honestidad. Cada una encontró a la otra tal como era, sin expectativas ni roles.

Otra mujer notó que sus conexiones más satisfactorias ya no eran "una talla para todo". Tenía amistades distintas para dimensiones distintas de su vida: una amiga para caminar, con quien compartía amor por el movimiento y la conversación tranquila; una amiga creativa con quien las ideas fluían; una amiga espiritual que podía sentarse con preguntas en lugar de respuestas. Soltar la expectativa de que una sola persona cubra todas las necesidades le trajo un alivio y una libertad inesperados.

La amistad en la segunda mitad de la vida no se trata de consolidación.

Se trata de alineación.

Permitir que las amistades cambien no exige cortar vínculos ni quemar puentes. Exige soltar expectativas. Algunas amistades se vuelven estacionales. Otras se mantienen cálidas pero poco frecuentes. Algunas se suavizan en la memoria. Otras reaparecen más adelante en nuevas formas. Permitir que las relaciones se asienten donde naturalmente pertenecen crea menos resentimiento y más verdad.

Este capítulo no es un argumento a favor del retiro. Es una invitación a notar dónde la amistad nutre y dónde agota. A permitir el duelo sin juicio. A confiar en que las amistades pueden cambiar de forma sin que algo haya salido mal.

No estás fallando en la amistad si tu círculo cambia. Estás respondiendo con honestidad a quién te estás convirtiendo.

Algunas amistades seguirán siendo anclas.

Otras se volverán recuerdos.

Otras te sorprenderán.

Todo esto pertenece a una vida vivida con integridad.

Preguntas de Reflexión

1. ¿Cómo han cambiado tus amistades en la última década?

2. ¿Qué relaciones se sienten nutritivas y cuáles se sienten trabajosas?

3. ¿Dónde notas que mantienes conexión por historia

más que por resonancia?

4. ¿Qué duelo aparece cuando las amistades se desvanecen sin conflicto?

5. ¿Cómo vives los períodos relacionales "entre etapas"?

6. ¿Qué tipo de amistad se siente más alineada con quien eres hoy?

7. ¿Dónde podría soltar expectativas traer más honestidad y facilidad?

8. ¿Cómo cambiarían tus amistades si eliminaras la autocrítica de la ecuación?

CAPÍTULO 8:
VISIBILIDAD SIN ACTUACIÓN

"Ser vista sin esforzarse es una forma de libertad."
— David Whyte

Mi despedida como Presidenta de la Sucursal Empire State NYC de AAUW no ocurrió en un salón de baile.

Se desplegó en pequeños rectángulos sobre una pantalla.

Era una reunión por Zoom y estaban presentes muchas líderes de AAUW del Estado de Nueva York. Rostros familiares aparecían en marcos digitales ordenados: oficinas en casa, estanterías, lámparas colocadas con cuidado. La ventana del chat se llenaba de manera constante:

¡Felicidades!

¡Gracias por tu liderazgo!

¡Muy agradecidas por tu servicio!

Incluso en formato digital, yo sabía cómo ocupar el rol.

Había preparado una reflexión estructurada: logros, crecimiento de membresía, iniciativas completadas, becas financiadas, alianzas estratégicas fortalecidas. La narrativa era sólida. Habíamos hecho un trabajo con sentido.

Me quité el silencio.

La vista de galería me devolvió decenas de mujeres que me habían observado liderar en medio de la complejidad. Mujeres que me habían visto facilitar reuniones, negociar tensiones, mantenerme firme cuando era necesario.

Durante años, había sido visible porque desempeñaba bien el liderazgo.

Comencé como se esperaba: gratitud, reconocimiento y resultados medibles. Mi voz era estable. Clara. Competente.

Y entonces miré mi pequeño recuadro en la esquina de la pantalla.

Ahí estaba: compuesta, elocuente y presidencial.

De pronto, la actuación se sintió casi demasiado familiar.

Me detuve.

El silencio se sintió más largo en Zoom de lo que jamás habría sido en una sala. En el espacio digital, el silencio puede parecer una falla. Vi a algunos rostros moverse apenas, preguntándose si se me había cortado el audio.

Pero me quedé.

"Quiero nombrar algo que normalmente no ponemos en nuestros informes", dije.

El chat dejó de desplazarse.

"Hay un momento que llega después de haber hecho bien el trabajo, después de haber entregado tu energía, tu estructura, tu firmeza. Es el momento en que el título empieza a aflojarse."

Sentí el pecho tensarse levemente mientras continuaba.

"Durante muchos años, he sido la constante en este rol. La persona en la que podían confiar. Y aunque estoy profundamente orgullosa de lo que hemos construido juntas, sería deshonesto si no admitiera que el liderazgo lleva una soledad silenciosa."

Ahí estaba.

Sin guion. Sin pulir.

Hablé del cansancio que no aparece en las actas de la junta. Del duelo sutil que sigue a la culminación. De lo que ahora llamo La desorientación de la llegada: el momento en que alcanzas aquello hacia lo que trabajaste y te das cuenta de que la identidad debe reorganizarse.

Los rostros se suavizaron.

Algunas mujeres se acercaron a sus pantallas. Otras permanecieron inmóviles, escuchando.

Cuando terminé, la respuesta fue distinta a lo habitual.

El ícono de aplausos apareció. Corazones subieron por un instante. El chat volvió, pero más despacio.

Después llegaron varios mensajes privados.

"Gracias por decir eso."

"Yo también lo he sentido, pero nunca tuve palabras."

"Pensé que solo me pasaba a mí."

Pero también hubo señales más silenciosas.

Una líder dijo, con amabilidad pero con cuidado: "Siempre has sido tan fuerte. Es extraño escucharte hablar de soledad."

Extraño.

Cuando la visibilidad se ha construido sobre la actuación, la autenticidad puede sentirse desestabilizadora.

En las semanas siguientes, noté cambios sutiles. Menos solicitudes inmediatas para asumir roles de alto perfil. Menos suposición de que yo presidiría naturalmente la próxima iniciativa. El título "Presidenta" desapareció de las firmas de correo casi de la noche a la mañana.

Sin confrontación. Sin conflicto.

Solo recalibración.

Durante años, yo había sido visible porque cargaba la responsabilidad de forma visible.

Ahora era visible porque decía la verdad.

Y esas dos formas de visibilidad no se reciben igual.

Esa despedida por Zoom marcó el inicio de algo que ahora llamo **Visibilidad Basada en la Presencia**.

Una visibilidad que no depende de la actuación.

Una visibilidad que no sube ni baja con los títulos.

Una visibilidad que existe porque estás habitándote plenamente, no porque estés gestionando resultados.

Me costó algo tangible.

La influencia se movió. Las invitaciones se adelgazaron. La urgencia de ser necesaria se suavizó.

Pero lo que devolvió fue una libertad más profunda.

La libertad de ser vista sin esforzarme.

La libertad de ocupar espacio sin demostrar.

La libertad de existir sin amplificarme para cumplir expectativas.

En la segunda mitad de la vida, esa libertad se vuelve esencial.

Porque la actuación sostiene el estatus.

La presencia sostiene la identidad.

Y la identidad, una vez desprendida del aplauso — incluso del aplauso digital — se vuelve firme de otra manera.

Cuando se compartieron los últimos buenos deseos y la reunión se levantó formalmente, la pantalla comenzó a vaciarse.

Uno por uno, los rectángulos desaparecieron.

Salir de la reunión.

La vista de galería colapsó en un solo recuadro: mi rostro reflejado en la pantalla oscurecida.

La habitación a mi alrededor estaba en silencio. Sin aplausos que resonaran. Sin un grupo de mujeres reuniéndose después. Sin abrazos que se quedaran.

Solo el zumbido leve de mi laptop.

La cerré despacio.

Y en el silencio que siguió, sentí algo que no había anticipado.

Tristeza.

No dramática. No abrumadora. Pero inconfundible.

Un vaciamiento.

Durante muchos años llevé ese rol. Defendí la equidad salarial. Apoyé iniciativas educativas para mujeres y niñas. Presidí conversaciones difíciles, navegué dinámicas a nivel estatal, me mantuve firme durante transiciones. Por más de veinticinco años, mi vida estuvo entretejida con el avance de las mujeres en salas de juntas, aulas y discusiones de política pública.

Y ahora el título se había ido.

Las llamadas se ralentizaron. La urgencia se disipó.

Y, si soy honesta, me sentí poco apreciada.

No porque nadie me hubiera agradecido. Lo habían hecho.

Sino porque, una vez concluido el rol, la necesidad concluyó con él.

Hay una vulnerabilidad particular en darte cuenta de que algunas formas de visibilidad están atadas a una función.

Cuando la función termina, el foco se mueve.

Sentada allí, me permití sentirlo por completo.

La decepción.

El golpe al ego.

La pregunta silenciosa: ¿Importó?

Y entonces emergió algo más firme.

Por supuesto que importó.

Pero nunca se trató de mí.

La misión nunca fue elevación personal. Era equidad salarial para las mujeres. Eran becas para niñas. Eran caminos de liderazgo para quienes venían después. Era asegurar que las puertas quedaran más abiertas de como las encontramos.

El trabajo no estaba diseñado para centrarme.

Estaba diseñado para sobrevivirme.

Esa realización no borró la tristeza de inmediato. Pero la reencuadró.

Yo había confundido visibilidad con validación.

Lo que realmente me importaba era el impacto.

Y el impacto no siempre te aplaude al final.

A veces, simplemente continúa.

La misión de avanzar a las mujeres no necesita el título de una presidenta para seguir. Necesita compromiso colectivo. Necesita continuidad.

Y si mi temporada de liderazgo visible había terminado, eso no significaba que mi valor hubiera terminado.

Significaba que el testigo había pasado.

En esa habitación silenciosa, con la laptop cerrada y el brillo de la pantalla desvaneciéndose, entendí algo esencial:

Presencia sin actuación significa servir sin colocarte al centro.

Significa permitir que tu trabajo hable sin insistir en ser tú la voz que lo entrega.

Significa confiar en que lo que construiste puede sostenerse sin tu visibilidad constante.

La tristeza se suavizó.

Lo que quedó fue claridad.

Mi valor nunca debió estar atado a un rol.

Y la misión — la educación de mujeres y niñas, la búsqueda de equidad — nunca se trató de reconocimiento.

Se trató de progreso.

La segunda mitad de la vida nos pide servir sin apego al foco.

Contribuir sin anclar la identidad al aplauso.

Ser vistas, sí, pero sin depender de ser necesarias.

Esa noche, después de que se cerró la ventana de Zoom y el título se disolvió, entré en silencio en otra forma de liderazgo.

Una que no se basa en la actuación.

Una que se basa en la presencia.

Durante gran parte de la vida, la visibilidad se gana. Nos ven porque logramos, rendimos, contribuimos o cargamos responsabilidad. La atención llega como respuesta a la utilidad. La aprobación sigue al esfuerzo. El valor suele confundirse con la producción. Ser visible significa ser impresionante, confiable o necesaria.

Esta orientación no es accidental. Se refuerza temprano y con frecuencia. Aprendemos que el reconocimiento llega cuando hacemos más, gestionamos mejor o mantenemos todo unido. La visibilidad se vuelve transaccional. Si contribuimos lo suficiente, nos notan. Si actuamos bien, nos afirman. Con el tiempo, esta lógica se internaliza. Dejamos de cuestionarla.

Entonces, silenciosamente, aparece una nueva pregunta:

¿Quién soy cuando ya no demuestro nada?

Al principio, esta pregunta puede inquietar. La actuación ofrece estructura. Le da forma a la identidad. Proporciona señales sobre cómo comportarse y qué se espera. Sin ella, muchas personas temen la invisibilidad. Temen que si dejan de esforzarse, desaparecerán. Que sin esfuerzo no habrá reconocimiento, ni lugar, ni relevancia.

Y, sin embargo, en las estaciones posteriores de la vida, se vuelve posible algo profundo: **la capacidad de ser vista sin actuar**.

Noté este cambio por primera vez cuando hablé menos en salas donde antes conducía la conversación. No porque tuviera menos que decir, sino porque ya no necesitaba demostrar lucidez. Escuchaba con más atención. Permitía pausas. Y, de manera inesperada, la gente se inclinaba hacia mí. Cuando hablaba, mis palabras caían distinto. Mi presencia tenía peso no por afirmación, sino por estabilidad.

Esta es la paradoja de la visibilidad madura:

Cuando la actuación cae, la autenticidad se vuelve visible.

Una mujer que conozco pasó décadas como ancla emocional de su familia. Mediaba conflictos, anticipaba necesidades y regulaba el clima emocional dondequiera que estuviera. Su valor era incuestionable, pero era condicional. Cuando por fin dejó de gestionar cada interacción, temió ser descartada u olvidada. En cambio, ocurrió otra cosa. Algunas personas se alejaron. Otras se acercaron. Quienes se quedaron no se sintieron atraídos por su cuidado, sino por su claridad. Ella ya no estaba actuando conexión. La estaba habitando.

La visibilidad sin actuación no es pasiva.

Es enraizada.

Surge de la coherencia más que del esfuerzo. En años anteriores, ser vista a menudo significaba ser impresionante. En esta temporada, significa ser real. El cambio es sutil, pero profundo. En lugar de preguntar: "¿Cómo me están percibiendo?", la pregunta se vuelve: "¿Estoy alineada conmigo misma?"

Este cambio suele volverse visible después de transiciones importantes.

Un hombre compartió que, después de jubilarse, se sintió invisible por primera vez. Sin un título ni autoridad, se sintió sin rumbo. Al principio, compensó hablando más. Refería logros pasados. Explicaba quién había sido. Con el tiempo, se detuvo. Se permitió llegar sin credenciales. La necesidad de demostrar empezó a ceder. Las personas respondieron no a su historia, sino a su presencia. Lo vieron no por lo que había hecho, sino por quién se estaba convirtiendo.

Este tipo de visibilidad no se puede fabricar.

Emerge cuando el autorrespeto reemplaza la autopromoción. Cuando una persona ya no necesita anunciarse, su presencia habla en silencio, con claridad. Esta visibilidad no es ruidosa. No exige atención. Se percibe.

Ser vista sin demostrar también transforma la intimidad.

Las relaciones dejan de ser transaccionales. Ya no te valoran por lo que provees, sino por quien eres. Esto puede desorientar al principio. Sin actuación, los guiones conocidos se caen. Puedes notar qué relaciones se sostenían por esfuerzo más que por presencia mutua. Y también puedes notar cuáles se profundizan cuando ya no se requiere explicación.

Yo noté que, cuando dejé de sobreexplicar mis decisiones, me sentí más visible, no menos. El silencio cargaba confianza. Los límites comunicaban autoconfianza. La presencia reemplazaba la justificación. No necesitaba convencer a otros de entenderme. Confié en que la alineación hablaría por sí sola.

No todo el mundo responde bien a este cambio.

Quienes están acostumbrados a tu actuación pueden resistir tu autenticidad. Pueden interpretar tu estabilidad como retiro o indiferencia. Pueden intentar reengancharte con expectativas antiguas. Esto no es un fracaso. Es información. Revela qué conexiones estaban ancladas en el rol y no en la relación.

La visibilidad sin actuación no se trata de desaparecer.

Se trata de integridad.

Sigues involucrada. Sigues expresiva. Sigues contribuyendo. Pero ahora lo haces desde la elección y no desde la obligación. Hablas cuando importa. Te presentas sin necesidad de gestionar la percepción. Te permites ser vista como eres, no como se esperaba que fueras.

En esta temporada de la vida, ser vista ya no es la meta.

Es un subproducto de la alineación.

Y quizá la visibilidad más poderosa de todas sea esta: saber cuándo estás actuando desde la verdad y no desde el hábito.

Sentirte en casa en tu presencia. Confiar en que no necesitas demostrar tu valor para ser real.

Esto no es invisibilidad.

Es libertad.

Preguntas de Reflexión

1. ¿En qué áreas de tu vida aún actúas para ser valorada?

2. ¿Cómo te sientes al imaginarte siendo vista sin explicar ni demostrarte?

3. ¿Qué relaciones dependen de tu actuación y cuáles honran tu presencia?

4. ¿Qué cambia cuando priorizas la alineación contigo misma por encima de la validación externa?

5. ¿Cómo se sentiría tu vida si la visibilidad estuviera enraizada en la autenticidad y no en el esfuerzo?

CAPÍTULO 9:
AMOR SIN OBLIGACIÓN

"El amor no empieza donde termina la obligación; se revela allí."
— Esther Perel

Durante gran parte de la vida, el amor está estrechamente entrelazado con la responsabilidad. Nos presentamos porque nos necesitan. Seguimos involucradas porque sería decepcionante no hacerlo. Ofrecemos cuidado, atención y esfuerzo no siempre desde el deseo, sino desde el deber. El amor se vuelve algo que sostenemos.

Esto no está mal. Es humano. Las familias, las parejas y las comunidades dependen de la confiabilidad. Pero con el tiempo, la obligación puede reemplazar silenciosamente a la elección. El amor se vuelve predecible, funcional y a veces pesado. Se mide por el esfuerzo más que por la presencia.

En las estaciones posteriores de la vida, comienza a surgir una pregunta distinta:

¿Qué queda del amor cuando la obligación ya no está haciendo el trabajo?

Para muchas personas, esta pregunta aparece primero en contextos familiares, en reuniones cargadas de historia, roles y expectativas no dichas. Las festividades tienen una forma particular de revelar quién se espera que seamos.

Yo siempre había sido la estabilizadora emocional en las reuniones familiares. Recordaba cumpleaños. Suavizaba tensiones. Redirigía conversaciones difíciles. Si alguien se sentía pasado por alto o malinterpretado, yo lo notaba. Si el silencio se volvía incómodo, yo lo llenaba. Mi presencia mantenía las cosas agradables, manejables, intactas.

Un Día de Acción de Gracias decidí hacer algo que me resultaba poco familiar.

Llegué sin una agenda para gestionar el ambiente.

La casa estaba ruidosa cuando entré: platos chocando, conversaciones superpuestas, niños corriendo por el pasillo. En años anteriores, de inmediato habría empezado a detectar corrientes subterráneas: ¿Quién está tenso? ¿Quién necesita ayuda? ¿Quién podría chocar? Esta vez, me quité el abrigo con calma. Me senté antes de ofrecer ayuda. Escuché.

En la mesa emergió una dinámica conocida. Se hizo un comentario un poco cortante, un poco despectivo. Normalmente yo lo habría suavizado con humor o habría cambiado de tema. En lugar de eso, me quedé callada. El silencio se estiró más de lo habitual. Alguien se movió en la silla. Otra persona se aclaró la garganta.

Y entonces ocurrió algo inesperado.

Alguien más habló. No para "arreglarlo", sino para responder con honestidad. La conversación tropezó y luego se estabilizó. Fue imperfecta, un poco incómoda, pero real. Nadie me miró para que rescatara el momento.

Más tarde, mientras servían el postre, un familiar se sentó a mi lado y dijo: "Te noto diferente hoy." Sonreí y respondí: "Solo estoy aquí." En ese instante entendí qué había cambiado. No me había retirado de la familia. Me había retirado de la obligación.

Después de esa cena, empecé a notar otra cosa.

Mis hijos — fuertes, capaces, casados, construyendo sus propias vidas — todavía me buscaban de formas conocidas. No por supervivencia. No por autoridad. Sino por continuidad.

"Mamá, ¿puedes encargarte de eso?" "Mamá, ¿qué crees que deberíamos hacer?" "Mamá, ¿puedes coordinarlo tú?"

Las solicitudes no eran irracionales. En muchos casos, eran prácticas. Durante años, yo había sido la organizadora, la guardiana de la memoria, la estabilizadora. Sabía cumpleaños, preferencias, logística, historiales médicos, tradiciones navideñas. Podía sostener diez hilos en mi mente sin esfuerzo.

Y una parte de mí amaba ser necesaria.

Esa es la parte que rara vez admitimos.

Ser necesaria reafirma la relevancia.

Pero la segunda mitad de la vida introduce una recalibración necesaria.

Si seguimos cargando responsabilidad mucho después de que es requerida, le negamos silenciosamente a nuestros hijos la dignidad de liderar su propia adultez.

La dificultad no es logística.

Es emocional.

Cuando dejas de coordinar automáticamente, tus hijos adultos pueden interpretarlo como retiro.Cuando dices: "Confío en que tú decidas", pueden oír distancia en lugar de empoderamiento.Cuando te niegas a gestionar detalles, pueden sentirse momentáneamente poco apoyados.

Y tú vas a sentir el tirón.

El reflejo antiguo aparecerá rápido:

- Es más fácil si lo hago yo.

- ¿Para qué crear fricción?

- Están ocupados; yo tengo más tiempo.

Pero el crecimiento requiere incomodidad en ambos lados.

En un momento, le dije con suavidad a uno de mis hijos: "Eres capaz de manejar esto. Confío en tu criterio."

Hubo una pausa.

"Claro que puedo", respondió, ligeramente a la defensiva. "Solo pensé que te gustaría."

Esa frase reveló la dinámica central.

Durante años, querer y ser responsable habían estado entrelazados.

Yo tenía que desenredarlos.

"Sí quiero estar involucrada", aclaré. "Pero no necesito dirigirlo."

Esa distinción importa.

No dirigir algo no significa no importar.

Significa redefinir la contribución.

Lidiar con las expectativas familiares en esta temporada requiere cambios internos:

1. Separar el amor del trabajo.

2. Puedes amar profundamente sin gestionar constantemente.

3. Permite que tus hijos sientan el peso de su adultez.

4. La responsabilidad se fortalece cuando se carga, no cuando se amortigua.

5. Acepta que su incomodidad — y la tuya — es temporal.

6. Las primeras veces que des un paso atrás se sentirán incómodas. Esa incomodidad es crecimiento en movimiento.

Puede haber momentos en que interpreten mal tu contención. Puede haber momentos en que te cuestiones. Eso es natural.

Pero recuerda esto:

No estás renunciando a la maternidad.

Estás evolucionándola.

En la primera mitad de la vida, la maternidad es directiva, protectora, coordinadora. En la segunda mitad, se vuelve asesora, de apoyo, observadora.

Pasas de ser el motor a ser la brújula.

Tus hijos adultos no necesitan que desaparezcas.

Necesitan que te desplaces.

Y si lo haces con claridad — no con resentimiento, no como retirada, sino con presencia firme — con el tiempo se elevarán hacia el espacio que dejas abierto.

La meta no es volverte innecesaria.

La meta es ser elegida libremente.

Ese es un tipo distinto de vínculo.

Y uno más fuerte.

Al hacerlo, me volví más presente, no menos. Mi atención ya no estaba dividida entre manejar a todos los demás y habitarme a mí misma. El amor dejó de estar enraizado en la vigilancia. Empezó a fluir a través de la elección.

Así es como el amor se reorganiza cuando la obligación se afloja. Algunas relaciones se profundizan. Otras se recalibran. Unas pocas pueden desvanecerse. Cuando el amor ya no se sostiene solo con esfuerzo, revela qué conexiones se mantienen por presencia mutua y cuáles por dependencia.

Otra persona describió este cambio de otra manera. Durante años, él había sido quien absorbía la tensión emocional de su familia. Si alguien estaba molesto, escuchaba. Si surgía un conflicto, mediaba. Creía que el amor significaba aguante.

Cuando finalmente dejó de absorber lo que no le correspondía cargar, la dinámica familiar cambió. Las conversaciones se volvieron más cortas. Pero cuando había conexión, era más clara. Menos pesada. Más honesta.

El amor sin obligación no es desapegado. Es discerniente. Pregunta: ¿Estoy aquí porque elijo estar, o porque me siento responsable de mantenerlo todo unido? La diferencia es sutil, pero transformadora.

En las parejas, este cambio puede sentirse liberador y también inquietante. Cuando el amor ya no se expresa mediante acomodación constante, quedan expuestos patrones. Algunas parejas descubren una intimidad más profunda, basada en el deseo y no en el deber. Otras deben renegociar cómo se relacionan sin los guiones conocidos.

Esto no es una pérdida de amor. Es un refinamiento.

Cuando la obligación retrocede, el amor se vuelve visible de nuevas maneras: en la risa sin esfuerzo, en el silencio compartido, en la certeza tranquila de que los límites no terminan la pertenencia.

He notado que cuando la obligación se desvanece, el amor se vuelve más silencioso pero más fuerte. Ya no se anuncia a través del sacrificio. Se presenta a través de la presencia. A través de la honestidad. A través de la disposición a permanecer sin gestionar los resultados.

Amor sin obligación no significa amor sin cuidado. Significa amor sin compulsión.

Significa elegir la conexión en lugar de interpretarla. Permitir que las relaciones respiren. Confiar en que lo real permanecerá cuando el esfuerzo ya no esté sosteniéndolo.

En esta temporada de la vida, el amor ya no se prueba por cuánto haces. Se revela por cuán plenamente estás dispuesta a estar presente y cuán libremente permites que otros hagan lo mismo.

Esto no es menos amor.

Es un amor más verdadero.

Preguntas de Reflexión

1. ¿En qué relaciones la obligación aún sustituye a la elección?

2. ¿En qué situaciones te sientes responsable de mantener la armonía o la conexión?

3. ¿Qué podría cambiar si permitieras que otros carguen su propio peso emocional?

4. ¿Qué relaciones se profundizan cuando disminuye el esfuerzo y cuáles dependen de la obligación para sobrevivir?

5. ¿Cómo se sentiría el amor si se expresara a través de la presencia más que de la responsabilidad?

CAPÍTULO 10:
INTIMIDAD Y DESEO: RECUPERAR LA VIVACIDAD A TRAVÉS DE UNA CONEXIÓN AUTÉNTICA

"El deseo prospera en la seguridad, no en la actuación."
— Esther Perel

Para muchas mujeres, el deseo se apaga en silencio. No porque haya desaparecido, sino porque las condiciones que antes lo sostenían ya no existen. A menudo se malinterpreta el deseo como algo que inevitablemente disminuye con la edad, con el tiempo o con los cambios del cuerpo. En realidad, el deseo suele retirarse cuando una mujer deja de sentirse segura para ser ella misma. Cuando la intimidad se vuelve performativa, el deseo se repliega.

La actuación en la intimidad es sutil. No siempre se parece a fingir o a engañar. Más a menudo se parece a acomodarse. A anticipar. A gestionar lo emocional. Una mujer aprende a leer el ambiente, a percibir las necesidades de su pareja y a ajustarse en consecuencia. Se vuelve experta en minimizar la fricción y mantener la conexión intacta. Con el tiempo, la intimidad se convierte en algo que ella ofrece más que en algo que ella habita.

El deseo no desaparece en ese proceso.

Se va a lo subterráneo.

Muchas mujeres interpretan la pérdida de deseo como un fracaso personal. Suponen que algo está mal en su cuerpo o en su capacidad de conexión. Intentan "arreglarse" con esfuerzo, educación o resistencia. Se fuerzan a superar la incomodidad y a anular la reticencia. Estos intentos rara vez restauran el deseo. Con frecuencia profundizan la desconexión.

El deseo no se sostiene por el esfuerzo.

Se sostiene por la seguridad.

La seguridad en la intimidad no es solo previsibilidad o rutina. Es verdad emocional. Una mujer se siente segura cuando no tiene que manejar las reacciones de su pareja, proteger la relación de la honestidad o suprimir partes de sí misma para mantener la conexión. Cuando puede decir no sin castigo, expresar una necesidad sin disculparse y cambiar sin miedo al abandono, su cuerpo se ablanda. El deseo empieza a moverse.

Sin esa seguridad, el cuerpo se contrae. El deseo se retira.

Una mujer describió cómo creyó que su pérdida de deseo era algo que debía corregir. Leyó libros, se esforzó más y se empujó a sí misma más allá de la incomodidad. Nada cambió. Solo cuando dejó de actuar ocurrió un giro. Empezó a hablar con más honestidad. Puso límites más claros. Se permitió decepcionar en lugar de desaparecer.

La intimidad auténtica requiere presencia mutua.

No puede sostenerse cuando una persona está monitoreándose constantemente. El deseo emerge cuando una mujer se siente libre de responder en lugar de cumplir. Cuando su sí es plenamente elegido y su no es respetado, su sistema nervioso se relaja. Vuelve la vivacidad. El deseo se vuelve menos riesgoso cuando no es exigido ni evaluado.

El deseo también requiere permiso.

Muchas mujeres internalizan la creencia de que el deseo es indulgente, disruptivo o inapropiado en la segunda mitad de la vida. Las narrativas culturales a menudo vuelven a las mujeres menos visibles, menos expresivas y "menos vivas" a medida que envejecen. Esos mensajes no extinguen el deseo. Enseñan a las mujeres a retenerlo. Con el tiempo, retener se vuelve hábito. El deseo se pospone, se minimiza o se redirige hacia la productividad y el cuidado de los demás.

Con el tiempo, una mujer puede perder el contacto con cómo se siente el deseo en su cuerpo.

Esto no es pérdida.

Es latencia.

Recuperar el deseo no comienza con la acción. Comienza con la honestidad. ¿Qué se siente restrictivo? ¿Dónde estoy actuando? ¿Qué partes de mí he silenciado para preservar la conexión? Estas preguntas no se tratan de culpa. Se tratan de claridad. Permiten ver las condiciones bajo las cuales el deseo aprendió a esconderse.

La intimidad sin autenticidad es agotadora.

La intimidad con autenticidad es reparadora.

La diferencia no es técnica. Es verdad. Cuando una mujer se permite ser vista tal como es, y no como "debería" ser, el deseo se vuelve posible de nuevo. Esto no requiere perfección ni cercanía constante. Requiere realidad. El deseo puede sobrevivir a la tensión cuando hay honestidad. Se apaga en silencio cuando el silencio reemplaza a la verdad.

Una mujer describió cómo su relación cambió cuando dejó de priorizar la paz por encima de la honestidad. Al principio, las conversaciones fueron incómodas. El deseo se sentía distante. Había incertidumbre y torpeza. Con el tiempo, ocurrió algo inesperado. Se sintió más presente en su cuerpo. Se rió con más facilidad. El deseo volvió, no como urgencia o presión, sino como calidez y curiosidad. Se sintió sostenible, en lugar de algo que tenía que representar.

El deseo no es urgencia.

Es vivacidad.

No exige expresión constante ni validación. Pide permiso para existir. Cuando una mujer deja de disculparse por lo que quiere o de suprimir su no, el deseo se siente menos peligroso. Se integra en lugar de explotar. Ya no necesita esconderse ni apurarse.

Este capítulo no es un argumento a favor de una intimidad constante ni de una sexualidad intensificada. Es un argumento a favor de la alineación. El deseo refleja el estado de la conexión, no solo con la pareja, sino con una misma. Es un espejo de cuán honestamente una mujer habita su cuerpo, su verdad, su anhelo.

Cuando dice sí por obligación mientras su cuerpo se tensa, el deseo se calla.Cuando acepta cercanía mientras el resentimiento queda sin nombrar, el deseo se retira.Cuando se ablanda hacia lo que realmente quiere — ya sea contacto, espacio, risa o quietud — el deseo responde.

La alineación no es intensidad. Es congruencia. Es la ausencia de negociación interna. Cuando la conexión es auténtica, el deseo regresa como calidez y curiosidad.

Cuando la conexión se gestiona, se repliega.

A medida que las mujeres envejecen, el deseo suele volverse más matizado. Se trata menos de ser deseada y más de ser encontrada. Menos de validación y más de presencia. Esta profundidad no es disminución. Es refinamiento. El deseo se vuelve más silencioso, más estable y más discerniente. Valora la seguridad por encima de la novedad y la verdad por encima de la actuación.

El deseo sin seguridad es ansiedad.

El deseo con seguridad es intimidad.

El trabajo no es resucitar el deseo con esfuerzo, sino crear las condiciones para que ya no necesite esconderse. Esas condiciones son la honestidad emocional, el permiso corporal y la verdad relacional.

La intimidad en la segunda mitad de la vida no se trata de recrear el pasado. Se trata de decir la verdad en el presente.

Cuando las mujeres se permiten esa honestidad, el deseo a menudo regresa como una forma silenciosa y constante de vivacidad: real, sostenible y profundamente conectada con quienes son ahora.

Preguntas de Reflexión

1. ¿En qué áreas de tus relaciones sientes que estás actuando más que siendo?

2. ¿Cómo has aprendido a gestionar la intimidad en lugar de experimentarla?

3. ¿Cómo se siente la seguridad en tu cuerpo, y dónde está ausente?

4. ¿Cómo han moldeado los mensajes culturales lo que crees sobre el deseo en esta etapa de la vida?

5. ¿Dónde podría la honestidad profundizar la intimidad, aunque al principio genere incomodidad?

6. ¿Cómo responde tu cuerpo cuando tu sí es plenamente elegido?

7. ¿Qué significaría permitir que el deseo exista sin disculpa ni presión?

CAPÍTULO 11:
DINERO Y PODER EN LA PAREJA

*"El poder no es control sobre los demás; es la capacidad de actuar
con integridad."*
— bell hooks

Ella no había planeado plantear la pregunta de si todavía era feliz.

Estaban sentados a la mesa de la cocina, tarde en la noche, con esa quietud que solo llega después de décadas de vida compartida. El refrigerador zumbaba suavemente. Una única luz en el techo proyectaba sombras largas sobre la veta de la madera.

Entre ellos había papeles: estados de cuenta bancarios, el costo proyectado de una renovación, una próxima decisión de inversión. Era territorio conocido. Él se inclinaba hacia adelante, la calculadora cerca de su mano. Ella se recostaba ligeramente hacia atrás, el bolígrafo apoyado sin moverse sobre su cuaderno.

Durante años, esa había sido su coreografía.

Él gestionaba los números. Ella gestionaba el ambiente.Él proyectaba. Ella apoyaba.

Se había dicho que era eficiente. A él le gustaba la estrategia financiera. A ella no. Parecía práctico que él liderara en ese terreno.

Pero esa noche algo se sentía distinto.

"¿Tenemos suficiente?" preguntó ella.

Él levantó la vista. "Claro que sí" respondió con rapidez. "Estamos bien."

"No es exactamente lo que quiero decir."

Él hizo una pausa.

Ella observó las hojas frente a ellos: columnas de crecimiento, porcentajes, seguridad. Sobre el papel, su vida era sólida. Jubilación financiada. Inversiones diversificadas. Ningún riesgo visible.

"Quiero decir" dijo con cuidado, "¿tenemos suficiente para lo que yo quiero ahora?"

Silencio.

La pregunta desplazó el suelo.

"¿Qué quieres ahora?" preguntó él.

Ahí estaba la conversación real.

Durante años, ella había organizado sus deseos alrededor del perímetro de las decisiones financieras de él. Los viajes se planteaban como presupuestos. Los proyectos se evaluaban según su rendimiento. Incluso la filantropía se estructuraba estratégicamente.

Ella participaba.

Pero no dirigía.

"Quiero financiar el programa de mentoría en el que he estado pensando" dijo lentamente, "sin preguntarme si es óptimo. Quiero elegir algo porque me importa, no porque tenga un buen desempeño en una hoja de cálculo."

Él se reclinó.

"Pensé que estábamos alineados" dijo, no a la defensiva, sino sorprendido.

"Lo estamos" respondió ella. "Pero no estoy segura de haber asumido realmente el poder de decidir."

El aire entre ellos cambió.

El dinero rara vez es solo dinero.

Es voz. Es dirección. Es quién define el riesgo y el horizonte. Es si la pareja significa autoridad compartida o control delegado.

Durante décadas, ella había confundido armonía con deferencia. Él había confundido liderazgo con protección. Ninguno cuestionó el arreglo porque funcionaba.

Hasta que dejó de hacerlo.

"¿Por qué no dijiste nada antes?" preguntó él.

Ella lo pensó.

"Porque no sabía que estaba permitido."

Esa frase pesó más que cualquier cifra sobre la mesa.

En muchas relaciones largas, especialmente en generaciones anteriores, la gestión financiera se volvió sinónimo de poder. Quien controlaba las inversiones controlaba el ritmo. Quien analizaba el riesgo definía la posibilidad.

Pero una pareja madura plantea otra pregunta:

¿El poder está centralizado o compartido?

En las semanas siguientes, comenzaron a revisar más que hojas de cálculo. Revisaron supuestos. Él le mostró la arquitectura completa de sus inversiones, no como cortesía, sino como transparencia. Ella expresó deseos sin editarlos previamente para que parecieran viables.

Hubo momentos incómodos.

Él tuvo que soltar el control unilateral. Ella tuvo que tolerar la incomodidad de hablar en un territorio que había cedido durante años.

Pero surgió algo más firme.

No competencia.

Alineación.

El poder en la pareja dejó de ser quién sostenía la calculadora.

Se convirtió en actuar con integridad — juntos.

El dinero siempre había sido su dominio.

No porque él lo exigiera, sino porque ella había aprendido — lenta y sutilmente — que retroceder preservaba la armonía.

Él ganaba más. Él seguía las cuentas. Él hablaba con seguridad. Con el tiempo, ella dejó de opinar salvo cuando se lo pedían. Se convenció de que no importaba. Que la armonía importaba más.

Pero algo en su cuerpo había cambiado durante el último año. Comenzó a notar cuándo se quedaba en silencio. Cuándo se tensaban sus hombros. Cuándo tragaba pensamientos antes de pronunciarlos.

Esa noche, mientras él explicaba lo que pensaba que debían hacer, sintió la contracción habitual.

Y luego algo más.

Firmeza.

Lo interrumpió con suavidad.

"Quiero decir algo." Su voz no tembló, pero los sorprendió a ambos.

Más tarde esa noche, la intimidad no llegó como obligación ni rutina. Surgió como conexión. La mirada se sostuvo más tiempo. El contacto se sintió mutuo, no esperado. El deseo no fue algo que ella produjo. Emerció porque no se había entregado a sí misma más temprano en la conversación.

El poder se había reorganizado.

Y el deseo lo siguió.

Más adelante comprendería que no se trataba solo de dinero.

Se trataba de voz.

Cuando el poder financiero no se nombra, la intimidad suele compensar. Una persona se acomoda. La otra permanece inconsciente. El deseo, en ese paisaje, se enreda con dependencia, deuda o resentimiento silencioso.

Pero cuando el dinero se convierte en una conversación compartida en lugar de una jerarquía silenciosa, algo diferente se vuelve posible.

La igualdad no garantiza el deseo.

Pero la agencia le hace espacio.

El deseo suele regresar no cuando las finanzas están equilibradas, sino cuando el poder se reconoce y la presencia se restaura.

No todos los desequilibrios financieros siguen líneas tradicionales. En algunas parejas, la dinámica se invierte: la mujer se convierte en la principal proveedora, el motor financiero, la fuerza visible del crecimiento.

En la superficie, esto parece progresista, incluso liberador. Pero cuando los ingresos cambian, la identidad suele cambiar con ellos. Proveer conlleva peso psicológico. Ganar puede convertirse silenciosamente en autoridad.

La pregunta no es quién gana más.

La pregunta es cómo se interpreta el poder cuando el dinero redefine la influencia.

Una pareja amiga, Lorrin y Joseph, vivió esta dinámica desde la dirección opuesta.

En su matrimonio, ella ganaba considerablemente más. Había construido una consultoría próspera. Sus ingresos fluctuaban, pero superaban consistentemente el salario estable de él. Al principio celebraron esa fluidez: moderna, igualitaria, sin amenazas.

Con el tiempo surgieron desequilibrios sutiles.

Ella sentía la presión de sostener el estilo de vida. Él se sentía disminuido en comparación.

Cuando aparecían decisiones importantes — una casa nueva, una inversión, un compromiso filantrópico — ella solía tener la última palabra. No porque insistiera, sino porque sus ingresos anclaban la decisión.

"No quiero sentir que estoy pidiendo permiso por dinero que yo gané" confesó ella una noche.

"Y yo no quiero sentirme un socio junior en mi propia vida" respondió él.

Dinámica distinta. Mismo tema.

El dinero se había convertido silenciosamente en la medida de la influencia.

Tuvieron que plantear preguntas igualmente incómodas:

¿La contribución es solo financiera?

¿El ingreso define la autoridad?

¿Puede el liderazgo rotar sin desestabilizar el respeto?

Ella tuvo que separar competencia de dominancia.

Él tuvo que separar orgullo de provisión.

Definieron con mayor claridad lo que significaban las "decisiones conjuntas". Establecieron límites para gastos individuales. Revisaron juntos las inversiones importantes. Hablaron con transparencia sobre la seguridad a largo plazo.

No fue romántico. Fue adulto.

El dinero en la pareja revela lo que creemos sobre el valor.

Sobre el género.

Sobre la contribución.

Sobre el derecho.

En la segunda mitad de la vida, estas conversaciones se vuelven hitos de desarrollo.

Porque la riqueza acumulada amplifica los desequilibrios si existen.

Y la seguridad no elimina las dinámicas de poder. Las clarifica.

Ambas parejas descubrieron algo esencial:

La armonía financiera no se trata de ingresos iguales.

Se trata de agencia igual.

Se trata de asegurar que ni el silencio ni la dominancia se disfracen de paz.

En matrimonios largos, el dinero puede volverse estructura: incuestionada, eficiente y no examinada.

Pero la pareja madura cuando la estructura se revisa conscientemente.

Como recuerda bell hooks, el poder no es control sobre los demás. Es la capacidad de actuar con integridad.

En la segunda mitad de la vida, la integridad requiere visibilidad, incluso en los espacios incómodos de las hojas de cálculo y los silencios.

Porque cuando el dinero y la voz se alinean, la pareja se profundiza.

Y cuando no lo hacen, el resentimiento acumula intereses en silencio.

Preguntas de Reflexión

1. ¿Quién define actualmente las decisiones financieras en tu relación?

2. ¿Dónde has confundido armonía con silencio?

3. ¿Tu contribución financiera está alineada con tu agencia en las decisiones?

4. ¿Qué conversaciones sobre dinero has evitado por temor a generar fricción?

5. ¿Cómo cambiaría tu intimidad si tu voz financiera fuera plenamente visible?

6. ¿Qué significa para ti actuar con integridad dentro de tu relación?

CAPÍTULO 12:
CUANDO ELEGIRTE A TI MISMA DISRUMPE LA SALA

"Eres el promedio de las cinco personas con las que pasas más tiempo."
— Jim Rohn

Recuerdo la primera vez que noté la diferencia con claridad.

Era un jueves por la tarde, y cuatro de nosotras nos reunimos en un pequeño café con ventanales altos y pisos de madera irregulares en Midtown Manhattan. La luz del sol se desplazaba lentamente sobre la mesa mientras hablábamos. No había teléfonos boca arriba. No había urgencia performativa. Solo conversación.

"¿Qué estás construyendo este año?" preguntó una de ellas, inclinándose hacia adelante con interés genuino.

No "¿qué estás gestionando?" o "¿qué estás sobreviviendo?", sino construyendo.

Compartí una idea que venía dando forma en silencio: una iniciativa de mentoría de Girls for STEM, algo que se sentía a la vez significativo y personal.

En lugar de escepticismo, recibí curiosidad.

"¿Cómo se vería si no lo minimizaras?" preguntó otra.

"¿A quién serviría con más poder?" añadió una tercera.

No había competencia en la sala. No había ese reajuste sutil de estatus. Hablamos de protocolos de salud que estábamos probando. De libros que nos estaban expandiendo. De la tensión entre legado y reinvención. Una mujer confesó que estaba reconsiderando un rol que había sostenido durante años porque ya no se sentía alineado.

Nadie se rió de eso.

Lo sostuvimos.

Cuando me fui, me sentí energizada: no estimulada, no halagada, sino más clara. Mi columna se sentía más erguida. Mi pensamiento más preciso. No sentí presión por rendir. Me sentí invitada a expandirme.

Más tarde esa semana, me reuní con otro grupo de amigas a quienes conocía desde hacía años.

Nos encontramos en una sala familiar, cómoda, cálida, cargada de historia. Eran mujeres que habían caminado conmigo a través de décadas de vida.

La conversación comenzó de manera predecible.

"¿Viste lo que están haciendo ahora?" dijo una, negando con la cabeza. "El mundo está ridículo."

Otra se sumó. "Y ni me hables de estas mujeres jóvenes que creen que todo debería ser fácil."

Siguió una risa que no era alegre, sino una forma de unión a través del desdén.

Intenté introducir algo que para mí era importante.

"He estado pensando en dar un paso atrás en algunos compromisos" ofrecí. "Quiero hacer espacio para algo más intencional."

Hubo una pausa.

"¿Por qué?" preguntó una. "Siempre has prosperado estando ocupada."

"No lo sé" dije con cuidado. "Ya no se siente alineado."

"Alineado" repitió alguien, ligeramente, como probando la palabra. "Has leído demasiados libros de autoayuda."

Más risas. No fue cruel. Pero sí constrictiva.

La conversación volvió a lo de siempre: quejas sobre hijos adultos que no llaman lo suficiente, irritación por cuerpos que envejecen, resentimiento frente a cambios culturales. Las mismas molestias regresaban con pequeñas variaciones. Cada intento de replantear algo era neutralizado con suavidad.

"Bueno, así es la vida."

"A nuestra edad, ¿qué esperas?"

"Ten cuidado. No quieres aislarte persiguiendo crecimiento."

Ahí estaba.

El crecimiento reinterpretado como amenaza.

Como ingenuidad.

Como deslealtad a la narrativa compartida.

Cuando me fui esa noche, me sentí pesada.

No porque fueran crueles.

Sino porque me edité a mí misma.

Suavicé el lenguaje. Minimicé el deseo. Evité mencionar lo que de verdad me encendía. Me acomodé al tono en vez de sostener la verdad.

Pertenecer había requerido compresión.

La queja específica que rondaba esa noche tenía que ver con la relevancia.

"Ya nadie escucha a las mujeres de nuestra edad" dijo una. "Ya hicimos nuestra parte" añadió otra. "Ahora solo es mantenimiento."

Mantenimiento.

La palabra quedó suspendida.

En la primera reunión hablamos de devenir.

En la segunda hablamos de aguantar.

El contraste no era sobre inteligencia ni lealtad.

Era sobre orientación.

Un grupo preguntaba: *¿De qué sigues siendo capaz?*

El otro insinuaba: *Hasta aquí llega.*

Y aquí está la verdad difícil:

Cuando empiezas a elegirte a ti misma, elegir alineación, crecimiento, vitalidad, disrumpes salas organizadas alrededor de la resignación. Tu expansión ilumina su contracción. Tu esperanza desafía su cinismo. Tu negativa a encogerte puede sentirse, para otros, como una traición silenciosa. La incomodidad no es porque estés equivocada. Es porque los sistemas de pertenencia son frágiles.

Si un grupo se une a través de la frustración compartida, introducir posibilidad cambia la química. La pregunta que explora este capítulo no es si abandonas amistades de toda la vida. Es si sigues contorsionándote para preservarlas.

Porque, con el tiempo, llega el punto en que debes decidir: ¿vale la pena reducirte para pertenecer? ¿O puedes sostener la incomodidad de ser la mujer en la sala que todavía está convirtiéndose?

Ese contraste fue clarificador.

Elegirme no significó juzgar a nadie ni anunciar distancia. Significó ser más honesta con respecto a dónde iba mi energía ¿y por qué?. Significó reconocer que no toda relación antigua está destinada a acompañar cada estación de tu vida.

Aquí es donde elegirte se vuelve relacionalmente complicado.

Este libro explora autonomía, límites, descanso, verdad y confianza propia. Sin embargo, para muchas mujeres, la fricción real no surge en decisiones privadas. Surge en las relaciones. El crecimiento no sucede en aislamiento. Sucede dentro de familias, parejas, amistades y comunidades que se formaron alrededor de quien tú solías ser.

Cuando una mujer se vuelve más selectiva con su tiempo y su energía, los demás lo notan. Algunas amigas pueden interpretarlo como retiro o juicio. Pueden decir: "Has cambiado", con incertidumbre o decepción. A menudo no están respondiendo a un rechazo, sino a una recalibración.

Lo que comencé a entender es que la energía es información.

A medida que las mujeres envejecen, disminuye la tolerancia a la depresión emocional. Esto no es egoísmo. Es discernimiento. El sistema nervioso se vuelve menos dispuesto a sostener relaciones que requieren gestión constante, crítica crónica o auto-traición. El tiempo se vuelve más valioso. La presencia se vuelve más valiosa. Elegir relaciones que elevan, desafían y apoyan el crecimiento se convierte en una forma de autorrespeto, no en un capricho.

Esa selectividad puede malinterpretarse.

Amigas acostumbradas al acceso ilimitado pueden sentirse excluidas. Quienes dependían de ti para trabajo emocional pueden inquietarse. La ausencia de tu disponibilidad anterior puede experimentarse como pérdida, aunque no se haya quitado nada de forma explícita.

Esta misma dinámica aparece en familias y parejas.

Cuando una pareja interpreta tu necesidad de espacio como rechazo, puede activarse el miedo. Cuando hijos adultos experimentan nuevos límites como abandono, puede surgir culpa. Cuando seres queridos están acostumbrados a tu respuesta inmediata, tu firmeza puede parecerles extraña o incluso amenazante.

La incomodidad no significa daño. Significa que el sistema nervioso registra la tensión mucho antes de que la mente la admita.

Muchas relaciones están construidas sobre acuerdos tácitos: quién escucha, quién absorbe la tensión, quién hace las cosas más fáciles. Cuando una mujer sale de un rol que ha sostenido durante mucho tiempo, la estructura se mueve. Lo que antes parecía estable se vuelve incierto, no porque fuera sano, sino porque era predecible.

Aquí es donde muchas mujeres dudan. Se preguntan si están siendo egoístas. Si se están retirando en vez de evolucionar. Si elegir(se) significa elegir en contra de otros.

No lo es.

Elegirte significa elegir desde un lugar que ya no está internamente dividido. Significa permitir que tus relaciones se reorganicen alrededor de quien eres ahora, y no de quien necesitaste ser antes.

La compasión no requiere autoabandono.

Puedes reconocer que el cambio es difícil sin deshacer el cambio. Puedes sostener el malestar de alguien sin correr a repararlo. Puedes seguir siendo amable sin regresar a patrones que te agotaban.

Con el tiempo, algunas relaciones se profundizan.

Las amistades alineadas con tus valores suelen entrar en foco con más claridad. Las conversaciones se vuelven más significativas. El apoyo mutuo reemplaza la obligación. Ya no necesitas explicar por qué el crecimiento importa. Se entiende.

Otras relaciones se aflojan o se completan. Esto no es fracaso. Es ordenamiento.

No toda conexión está hecha para recorrer toda la distancia de tu vida. Soltar una relación no niega lo que antes te ofreció. Honra la verdad de que el cambio nos transforma de formas que no toda relación puede sostener.

Elegirte no endurece el corazón. Lo aclara.

Cuando permaneces centrada, consistente y presente, muchas personas eventualmente se ajustan. Llegan a confiar en que tus límites no son castigo, sino orientación. Y cuando no lo hacen, tu firmeza sigue importando. Protege tu energía.

Preserva tu integridad. Te permite vivir con verdad sin necesitar consenso.

Este capítulo no es una invitación a cortar relaciones o retirarte del amor. Es una invitación a elegir vínculos que sostienen en lugar de drenar, que invitan a la expansión en lugar de la contracción, que apoyan la vida que estás construyendo ahora.

Cuando te eliges, la sala se sentirá diferente. Algunas personas se acercarán. Otras darán un paso atrás. Algunas necesitarán tiempo.

Nada de eso significa que lo estás haciendo mal.

Significa que estás escuchando.

Preguntas de Reflexión

1. ¿Dónde notas una diferencia clara entre las relaciones que te energizan y las que te drenan?

2. ¿Qué creencias te dificultan ser selectiva con el tiempo y la energía emocional que inviertes?

3. ¿Cómo sueles responder cuando otros interpretan tus límites como rechazo o distanciamiento?

4. ¿Qué roles has desempeñado en amistades o relaciones familiares que ya no se sienten alineados?

5. ¿En qué momentos te sientes tentada a sobreexplicar o justificar tus decisiones, en lugar de mantenerte firme?

6. ¿Qué cualidades comparten las relaciones que apoyan tu crecimiento?

7. ¿Cómo se sentiría tu vida si confiaras en el discernimiento en lugar de la culpa al decidir dónde invertir tu energía?

CAPÍTULO 13:
POR QUÉ LOS HOMBRES PROSPERAN AL LADO DE UNA MUJER EXPERIMENTADA

"El mayor regalo que una pareja puede ofrecer a la otra no es la perfección, sino la presencia."
— David Whyte

Mi amigo Rubén describió cómo la claridad de su pareja lo desestabilizó al principio. Durante años, Gloria había sido la intérprete emocional en su relación. Si surgía tensión en el trabajo, ella la suavizaba. Si aparecía un conflicto entre ellos, traducía su frustración a un lenguaje que él pudiera tolerar. Si él se retiraba, ella se acercaba. Si él reaccionaba, ella absorbía.

Nunca lo había considerado un desequilibrio. Lo llamaba armonía.

Hasta que algo cambió.

Gloria dejó de estar disponible para absorber un estrés que no era suyo. Cuando él llegaba a casa agitado, ella escuchaba, pero no lo calmaba de inmediato. Si hablaba con aspereza, ella no corría a reformular sus palabras para que sonaran más amables. Cuando surgían decisiones que le correspondían a él, ella se negaba a intervenir y organizarlas.

"Antes amortiguaba todo" dijo él. "Y de repente... dejó de hacerlo."

Al principio, Rubén se sintió expuesto.

Las conversaciones que antes terminaban rápido ahora se prolongaban. La incomodidad permanecía en la habitación en lugar de disiparse. No había acolchonamiento emocional, ni traducción suave de su estado de ánimo.

"Sentí como si hubiera quitado el acolchado de las paredes" admitió. "No me había dado cuenta de cuánto dependía de ella para manejar el ambiente."

Sin su suavizado automático, él tuvo que sentarse con su irritación. Nombrar sus miedos. Clarificar sus peticiones.

Rubén interpretó el cambio como distancia.

"¿Estás bien?" le preguntó una noche. "Te siento... distante."

"No estoy distante" respondió Gloria con calma. "Simplemente ya no cargo lo que no me pertenece."

La frase lo inquietó.

No porque fuera dura.

Sino porque era cierta.

Durante un tiempo, se sintió desestabilizado. La facilidad a la que estaba acostumbrado ahora requería más esfuerzo de su parte. Tenía que autorregularse. Tenía que expresar en lugar de asumir que ella inferiría. Tenía que asumir decisiones en lugar de delegarlas sutilmente.

El crecimiento rara vez se siente cómodo al principio.

Pero con el tiempo ocurrió algo inesperado.

Rubén comenzó a sentirse respetado.

No gestionado. No corregido. No parentalizado.

Respetado.

La claridad de Gloria comunicaba algo poderoso: *Creo que puedes sostener tu vida interior.*

Sin su sobre-funcionamiento emocional, él dio un paso más firme hacia su propia estabilidad. Aprendió a pausar antes de reaccionar. A expresar frustración sin externalizar su gestión. A tolerar el silencio sin interpretarlo como abandono.

"La relación se volvió más directa" dijo. "Menos acolchada. Pero más honesta."

Había menos coreografía. Más verdad.

Se sintió más plenamente él mismo, no porque ella exigiera un cambio, sino porque dejó de protegerlo de él.

La negativa de Gloria a amortiguar no era castigo.

Era alianza.

Y en esa alianza, el poder se recalibró.

No como control.

Sino como responsabilidad mutua.

Cuando una mujer entra en la segunda mitad de la vida con mayor autoconfianza, claridad y límites, algo sutil pero inconfundible cambia en sus relaciones con los hombres. Este cambio suele malinterpretarse, tanto por las parejas que lo perciben como por las mujeres que aún se están ajustando a su propia autoridad.

No se trata de dominancia, ni de retiro emocional, ni de independencia por sí misma. Se trata de coherencia. Y la coherencia transforma la dinámica relacional de maneras silenciosas y profundas.

Una mujer experimentada ya no organiza su vida en torno a la aprobación. Está menos inclinada a gestionar emociones, anticipar necesidades antes de que se expresen o actuar con firmeza para preservar la armonía. No es menos amorosa ni menos comprometida. Es más honesta.

Esa honestidad cambia el campo relacional.

Muchos hombres prosperan al lado de mujeres experimentadas porque la presión disminuye. Cuando una mujer deja de realizar inconscientemente el trabajo emocional, los hombres son invitados a asumir mayor responsabilidad sin ser avergonzados por ello. Cuando ella deja de sobre-funcionar, ellos no son reducidos. Son llamados a estar más presentes.

Esto no es un argumento de superioridad de género. Es una observación sobre madurez relacional.

En muchas parejas, el desequilibrio no surge de malicia, sino de acomodación. Las mujeres aprenden temprano a suavizar, traducir, adaptarse y sostener. Los hombres aprenden a depender de ello sin necesariamente elegirlo de forma consciente. Con el tiempo, ambos quedan limitados por esos patrones. Ella puede sentirse agotada o invisibilizada. Él puede sentirse desconectado de su propia autoridad emocional. Cuando ella sale de ese rol, el sistema se reorganiza.

Las mujeres experimentadas no rescatan a los hombres de la incomodidad. Confían en su capacidad de crecer a través de ella. Esa confianza resulta profundamente atractiva. Comunica respeto en lugar de control. Permite que los hombres avancen sin defensividad ni vergüenza.

También prosperan porque estas mujeres traen menos urgencia a la relación. Habiendo confrontado el tiempo, la pérdida y la identidad, están menos impulsadas por ansiedad sobre los resultados. No apresuran la intimidad ni evitan conversaciones difíciles. Pueden tolerar pausas. Pueden permanecer presentes durante el conflicto sin escalar ni colapsar. Esa estabilidad crea seguridad sin depender de constante reafirmación.

Esto no significa que sean pasivas o infinitamente pacientes. A menudo son más directas que nunca. Lo que se ha suavizado es la necesidad de persuadir, justificar o convencer. Los límites son claros. Las expectativas se expresan en lugar de insinuarse. Muchos hombres responden bien a esa claridad. Elimina ambigüedad. Reemplaza la adivinanza emocional por verdad.

Un hombre describió cómo la negativa de su pareja a sobreexplicarse cambió todo. En lugar de debatir sentimientos o defender necesidades, ella las enunció con calma. Él comenzó a escuchar con mayor atención. La relación se volvió menos performativa y más sólida. Ya no respondía a urgencia o reactividad, sino a presencia.

Las mujeres experimentadas también transforman la manera en que opera el poder en la pareja. Como ya no equiparan amor con sacrificio personal, el poder se comparte en lugar de negociarse a través de culpa, obligación o resentimiento silencioso. Los hombres dejan de estar posicionados por defecto como proveedores o protectores. Se convierten en socios. La responsabilidad se vuelve mutua en lugar de asumida.

Este cambio libera a los hombres de roles estrechos. Les permite ser vulnerables sin perder dignidad. Contribuir sin cargarlo todo. Ser encontrados en lugar de gestionados. Cuando las mujeres dejan de controlar los resultados, los hombres pueden presentarse más plenamente.

Es importante entender que los hombres no prosperan al lado de mujeres experimentadas porque ellas se vuelven más fáciles.

Prosperan porque ellas se vuelven más verdaderas.

La verdad crea resonancia. La resonancia invita reciprocidad.

Hay menos actuación de ambos lados y más autenticidad en el espacio compartido.

Este capítulo no es una prescripción sobre cómo deberían comportarse las mujeres para sostener a los hombres. Es una observación de lo que ocurre cuando dejan de contorsionarse para preservar la relación. Los hombres dispuestos a crecer suelen responder con mayor presencia, compromiso y respeto.

No todas las relaciones sobreviven este cambio. Algunas están construidas sobre desequilibrios que no pueden sostener la mutualidad. Eso no es fracaso. Es información. Donde el crecimiento es recíproco, la conexión se profundiza. Donde no lo es, la claridad emerge.

Las mujeres experimentadas ya no se preguntan si son demasiado o insuficientes. Se preguntan si la relación puede encontrarlas donde están. Los hombres que pueden responder que sí a esa pregunta suelen descubrir que la pareja se siente menos pesada y más viva.

En última instancia, los hombres florecen al lado de mujeres que no están actuando, rescatando ni encogiéndose. Florecen al lado de mujeres que se conocen, confían en sí mismas y permiten que la pareja sea un espacio de evolución mutua en lugar de trabajo emocional unilateral.

Cuando una persona crece, la relación debe responder. Los hombres que se elevan a ese momento suelen descubrir que la intimidad se siente más estable, más ligera y más real.

Preguntas de Reflexión

1. ¿Cómo han cambiado tus relaciones con hombres a medida que te has vuelto más clara respecto a tus necesidades, límites y verdad?

2. ¿De qué maneras has sobre-funcionado históricamente para preservar la armonía o evitar el conflicto?

3. ¿Cómo responden los hombres en tu vida cuando dejas de gestionar resultados emocionales o suavizar la incomodidad?

4. ¿Dónde sientes alivio cuando permites que otros asuman su responsabilidad?

5. ¿Cómo se manifiesta la responsabilidad mutua en tus relaciones actuales, en lo emocional, práctico y relacional?

6. ¿En qué situaciones la claridad se siente más respetuosa y estabilizadora que la acomodación o el sacrificio?

7. ¿Qué relaciones se han fortalecido con tu crecimiento y cuáles se han tensionado?

8. ¿Qué creencias sobre el amor o la pareja dificultan confiar en que la verdad invita reciprocidad?

9. ¿Cómo cambiarían tus relaciones si confiaras en que ser plenamente tú no es una amenaza para la conexión?

10. ¿Qué significaría permitir que la pareja sea un espacio de evolución compartida en lugar de trabajo emocional unilateral?

INTERLUDIO:
UNA CARTA A LA MUJER QUE FUI

Algunas palabras se escriben hacia adelante.Otras se escriben hacia atrás, atravesando el tiempo.Esta carta pertenece a ambas direcciones.

No me senté un día a decidir que te escribiría. Estas palabras se acumularon en silencio, a través de años de vivir, elegir, perder y llegar. Se reunieron en momentos que no marqué como significativos, en decisiones tomadas sin certeza, en una fortaleza prestada de mujeres que vinieron antes que nosotras, antes de haberla ganado por completo, en una resistencia que confundí con propósito.

Nada en esta carta es estratégico. Es el residuo de la experiencia: lo que quedó cuando la urgencia se suavizó y el esfuerzo soltó su agarre.

Ahora te veo con más claridad de la que tenía entonces. Veo cuánto cargaste sin nombrar el peso. Cuántas veces te tradujiste para que te entendieran, te ajustaste para que te aceptaran, te moviste con rapidez porque detenerte parecía peligroso. Creías que la responsabilidad era prueba de valor. Creías que la resiliencia exigía silencio. Creías que la llegada sería evidente cuando ocurriera.

Nada de eso fue un error. Fue la forma en que sobreviviste, en que construiste, en que amaste.

Esta carta no es una disculpa ni una corrección. Es un reconocimiento.

Hiciste lo que supiste hacer con la información que tenías.

No estabas fallando. Estabas convirtiéndote. Estabas aprendiendo en movimiento lo que aún no podía aprenderse en quietud. La claridad que hoy llevo fue moldeada por las decisiones que tomaste entonces, incluso por aquellas que tuvieron un costo.

No estoy aquí a pesar de ti.Estoy aquí gracias a ti.

Así que esta carta no termina con instrucciones ni con arrepentimiento, sino con gratitud. Tú cargaste lo que yo ya no necesito sostener. Caminaste para que yo pudiera llegar. Y te honro no reescribiendo tu camino, sino viviendo lo que hiciste posible.

Carta a la Mujer en la que Me Estoy Convirtiendo

Te veo delante de mí.

No como alguien perfecta, sino como alguien más cómoda en su propia piel. Más deliberada. Menos apresurada por la expectativa. Te siento en las decisiones silenciosas que comienzo a tomar: las pausas que permito, los límites que honro, la honestidad que ya no pospongo.

No estás construida sobre la urgencia.

Durante años, la fortaleza significó mantener todo unido. Anticipar lo que podía salir mal. Leer la habitación antes de entrar en ella. Cargar más de lo que se me había asignado para que otros pudieran sentirse estables. Esa fortaleza me formó. Me enseñó competencia, resiliencia, discernimiento.

Pero tú no estás definida por cuánto puedes cargar.

Estás definida por cuán honestamente vives.

Hubo un tiempo en que el esfuerzo se sentía como seguridad. En que demostrar era avanzar. En que el agotamiento se confundía con devoción. Entiendo por qué esa etapa existió. Formó músculo y resistencia. Agudizó la conciencia. Construyó una vida.

Pero no estás destinada a vivir en constante reafirmación.

Mientras avanzo hacia ti, aprendo a soltar el agarre. A expresar necesidades sin sobreexplicarlas. A decir no sin ensayar culpa. A permitir el silencio sin apresurarme a llenarlo.

No te endureces para seguir siendo fuerte.

Te suavizas para permanecer íntegra.

Cuando siento el viejo impulso de gestionar emociones o suavizar la incomodidad, me detengo. Cuando noto que estoy actuando estabilidad en lugar de habitarla, respiro. Cada vez que elijo alineación sobre aprobación, me siento más cerca de ti.

Eres una mujer que ya no organiza su vida alrededor de ser necesaria. Eres firme sin sobreextenderte. Presente sin actuar. Honesta sin agresión. Permites que las relaciones se ajusten en lugar de contorsionarte para preservarlas.

En ti, el deseo no es urgencia. Es calidez. Curiosidad. Una vitalidad que no necesita justificarse.

Confías en ti misma.

No persigues relevancia; la encarnas. No argumentas por espacio; lo habitas. No sobre-funcionas para demostrar amor; ofreces presencia y permites que otros te encuentren allí.

No me esfuerzo por convertirme en ti.

Estoy soltando lo que me impide llegar.

Los años que quedaron atrás no fueron desperdicio. Fueron formativos. Me enseñaron lo que la resistencia no puede enseñar para siempre: que la fortaleza sin suavidad se convierte en tensión, y que la responsabilidad sin alineación se convierte en erosión.

Al avanzar, elijo coherencia. Elijo una firmeza que no me agote. Elijo verdad sobre armonía cuando la armonía cuesta integridad.

Me estoy convirtiendo en ti —no añadiendo más, sino liberando lo que ya no está alineado.

Y doy la bienvenida a la mujer que ahora camina a mi lado: firme, presente y plenamente ella misma.

CAPÍTULO 14:
EL DESCANSO COMO INTELIGENCIA

"Tu cuerpo no es un obstáculo para tu propósito; es el lugar donde llega la sabiduría."
— Richard Rohr

Para muchas mujeres que han vivido vidas marcadas por la responsabilidad y el logro, el descanso ha sido malinterpretado. Se ha presentado como recuperación después del agotamiento, como una concesión ante la limitación, o como una pausa que solo se permite cuando la utilidad ya se ha agotado. El descanso ha sido tratado como algo opcional, algo que se encaja una vez que todo lo demás ha sido atendido.

Con frecuencia, el descanso se ha visto como recompensa. Algo concedido después de suficiente esfuerzo, suficiente productividad, suficiente contribución visible. Se ha entendido como reparación: una pausa para recomponer lo que la vida ha desgastado.

Pero ese encuadre es incompleto.

Lo que rara vez se reconoce es esto:

El descanso no es recuperación de la vida.

Es inteligencia dentro de ella.

El descanso no es retirada de la responsabilidad. Es la recalibración que permite que la responsabilidad siga siendo humana. Es la forma en que el sistema nervioso integra la experiencia. Es el modo en que la claridad regresa. Es el espacio donde el deseo reaparece sin ser forzado.

En mi trabajo y en mis libros sobre longevidad, *Longevity: Reinvent Yourself at Any Age* y *Designing Your Longevity* he enfatizado que el cuerpo no está separado del propósito ni de la productividad. Es el medio a través del cual se sostienen la claridad, la vitalidad y el sentido. El cuerpo siempre está comunicando. La pregunta no es si habla, sino si escuchamos.

Durante mucho tiempo, yo no lo hice.

Cuando el cuerpo finalmente se ve obligado a hablar

Hubo señales antes de la crisis: una tensión persistente bajo la costilla derecha que descarté como indigestión; una pesadez después de comer que atribuí al estrés; una fatiga que se prolongaba más de lo normal. Ajusté ligeramente mi dieta, bebí más agua, tomé antiácidos, moví compromisos en la agenda. Me dije que lo estaba gestionando.

Siempre había sabido gestionar.

Aquella mañana comenzó como muchas otras.

Me desperté temprano, ya organizando mentalmente el día: correos por responder, una llamada a media mañana, notas que quería revisar. Recuerdo estar en la cocina con una taza de café, sintiendo una molestia sorda bajo las costillas.

"Probablemente algo que comí", murmuré.

Avancé con la mañana. Tomé una llamada de pie, caminando ligeramente mientras hablaba. La incomodidad aumentó, no aguda, pero insistente.

A primera hora de la tarde, se intensificó.

Llegó una ola de náusea. Me senté, luego me levanté. No encontraba una posición que aliviara el dolor. Me dije que pasaría.

No pasó.

El dolor se extendió por el abdomen hacia la espalda, apretando como una banda que se cerraba. Me apoyé en la encimera de la cocina y cerré los ojos.

Ese es el momento en que la negación comienza a resquebrajarse.

Llamé a mi esposo.

"Creo que algo no está bien", dije, intentando sonar serena.

Lo percibió de inmediato.

"Voy para allá."

El trayecto al hospital está borroso en mi memoria, pero recuerdo aferrarme a la manija de la puerta, intentando mantenerme erguida mientras cada irregularidad del camino enviaba una oleada a través de mi cuerpo.

Hay una vulnerabilidad particular en necesitar que te lleven.

Durante décadas, yo había sido quien conducía a otros, organizaba cuidados, gestionaba emergencias, sostenía la calma.

Ahora era yo la que estaba en dolor.

En urgencias, las luces fluorescentes eran duras. Las preguntas fueron rápidas. Evaluación del dolor. Análisis de sangre. Ecografía.

El diagnóstico llegó sin dramatismo: cálculos biliares, inflamación. Cirugía inmediata.

Horas después, me llevaban al quirófano.

Hay un momento antes de la anestesia en que el cuerpo entiende lo que la mente aún está asimilando.

Esto no es una molestia.

Es una intervención.

Al despertar en recuperación, aturdida y vaciada, la claridad fue contundente.

No era mala suerte.

Era acumulación.

Años de empujar a través de la incomodidad. Años de ignorar señales sutiles. Años de traducir los susurros del cuerpo en estrategias de productividad.

El cuerpo había estado hablando.

Yo dominaba todos los lenguajes, menos el suyo.

Acostada en esa cama de hospital, sentí algo más profundo que dolor.

Sentí consecuencia.

No castigo.

Consecuencia.

La vesícula no se inflama de la noche a la mañana. Responde a patrones prolongados: química del estrés, tensión suprimida, sobrecarga metabólica.

La crisis fue dramática.

El patrón había sido silencioso.

Y fue entonces cuando el descanso cambió de significado para mí.

El descanso no es colapso.

Es inteligencia.

El descanso no se gana después del agotamiento.

Es respuesta antes de la ruptura.

La longevidad no es resistencia.

Es sintonía.

El descanso como intervención temprana

En los días posteriores a la cirugía, moviéndome lentamente por mi casa, comprendí algo fundamental:

El cuerpo negocia.

Hasta que deja de hacerlo.

Y cuando deja de negociar, habla en voz alta.

Aquella cama de hospital se convirtió en el punto de origen de cómo ahora entiendo los cinco tipos de descanso: físico, emocional, cognitivo, relacional y espiritual. Cada uno es una forma de escuchar antes de que llegue la crisis. Cada uno interrumpe la acumulación antes de que se convierta en ruptura.

Si hubiera honrado antes el descanso físico, quizás la inflamación no habría escalado.Si hubiera honrado el descanso emocional, no absorber lo que no era mío, tal vez mi sistema nervioso no habría permanecido en vigilancia crónica.

Si hubiera honrado el descanso cognitivo, menos procesamiento constante, menos ensayo mental, quizás mi química corporal se habría suavizado.

La cirugía removió un órgano.

Pero también removió la negación.

Desde ese momento, el descanso dejó de ser opcional.

Se convirtió en estrategia.

Los cinco tipos de descanso: un marco práctico

El descanso no es singular. Distintas formas de agotamiento requieren distintas formas de restauración.

1. **Descanso físico**

   Sueño, recuperación, reducción de esfuerzo. Es esencial, pero no siempre suficiente.

2. **Descanso mental**

   Liberar la mente del planeamiento constante, de la anticipación y la gestión de resultados. Silencio, repetición, naturaleza, creatividad sin meta.

3. Descanso emocional

Necesario cuando una mujer carga más emocionalmente de lo que recibe. Ocurre cuando no tiene que explicar, contener ni suavizar para otros.

4. Descanso sensorial

En un mundo saturado de pantallas, ruido y estímulos, el sistema nervioso necesita quietud para recalibrarse.

5. Descanso espiritual

Reconectar con significado y coherencia más allá de la obligación. No es productividad. Es recordar quién eres sin tener que demostrarlo.

Cuando comprendemos estas dimensiones, la fatiga deja de ser un fracaso. Se convierte en información.

Autoridad a Través de la Escucha

El descanso restaura la claridad porque reabre el acceso a las señales internas. Cuando una mujer está crónicamente agotada, todo parece urgente. Los límites se difuminan. Las decisiones pesan.

Cuando el descanso se integra con intención, el discernimiento regresa. Lo que antes parecía confuso se vuelve evidente.

Elegir descansar es un acto de autoridad.

En una cultura que recompensa lba resistencia y el rendimiento constante, el descanso requiere autoconfianza. Significa valorar la sabiduría interna por encima de las métricas externas. Significa rechazar la idea de que el valor se demuestra a través del agotamiento.

Después del éxito, este cambio es inevitable. Las estrategias que impulsaron el logro ya no sostienen el bienestar. El cuerpo exige otro ritmo. Ignorarlo conduce a enfermedad o resentimiento. Escucharlo conduce a coherencia.

El descanso no te vuelve menos capaz.

Te vuelve más precisa.

Muchas mujeres hacen menos, pero con mayor impacto. La vida se vuelve intencional en lugar de reactiva. La longevidad deja de ser solo años vividos y se convierte en años habitados.

El cuerpo no es algo que debas superar.

Es algo que debes consultar.

Yo aprendí esa lección en una habitación de hospital que nunca esperé habitar. Hoy la enseño para que otras puedan escuchar antes que yo.

Cuando una mujer entra en alianza con su cuerpo, la vitalidad se estabiliza, la claridad se profundiza y la vida vuelve a ser sostenible, no por resistencia, sino por inteligencia.

Preguntas de Reflexión

1. ¿Cómo te enseñaron a pensar sobre el descanso en etapas anteriores de tu vida: como recompensa, debilidad o necesidad?

2. ¿Qué señales te ha estado dando tu cuerpo que quizás has minimizado o ignorado?

3. ¿Qué formas de descanso descuidas con mayor frecuencia: físico, mental, emocional, sensorial o espiritual?

4. ¿Cómo cambia tu toma de decisiones cuando estás

descansada frente a cuando estás agotada?

5. ¿Dónde escuchar antes podría prevenir una interrupción mayor después?

6. ¿Cómo sería una relación más colaborativa con tu cuerpo en este momento?

7. ¿De qué manera honrar el descanso podría transformar no solo tu salud, sino tu enfoque hacia la longevidad y el propósito?

CAPÍTULO 15:
VITALIDAD EN PRESENCIA DE LA PÉRDIDA

"La herida es el lugar por donde entra la Luz."
— Rumi

Esta etapa de la vida incluye la pérdida. No como excepción, sino como parte del territorio. El cuerpo cambia. Las capacidades se reducen. La enfermedad llega sin invitación. Personas que amamos se debilitan, se desvanecen o mueren. Futuros que dábamos por seguros se disuelven silenciosamente. Cualquier invitación a la vitalidad que no haga espacio para estas realidades corre el riesgo de parecer superficial.

Estar viva en esta etapa no significa estar exenta de pérdida. Significa aprender a sostenerla sin desaparecer tú misma.

Muchas mujeres llegan a este punto cargando duelos que nunca han nombrado por completo. No solo el duelo por seres queridos que ya no están, sino el duelo por una salud que dejó de sentirse confiable, por una energía que ahora debe administrarse, por un cuerpo que ya no responde únicamente a la fuerza de voluntad. Hay dolor en reconocer que el tiempo es finito de una manera que ya no puede intelectualizarse.

La pérdida adopta muchas formas.

Para algunas, llega a través de la enfermedad. Un diagnóstico que redefine las condiciones del cuerpo. Un procedimiento que deja ajustes permanentes. Una condición que exige vigilancia y humildad en lugar de control. El cuerpo deja de ser abstracto y se vuelve autoridad. Exige ser escuchado.

Para otras, la pérdida llega a través del cuidado. Observar cómo un padre, una pareja o un ser querido se desvanece de maneras que no pueden repararse. El Alzheimer es particularmente devastador en este sentido. No solo arrebata la memoria. Arrebata el reconocimiento, la reciprocidad y la narrativa compartida. La persona que amas sigue allí, pero ya no es plenamente accesible en las formas que antes te anclaban.

Mientras escribía *Stolen Memories: A Journey Through Alzheimer's*, comprendí algo para lo que ninguna teoría me había preparado.

La pérdida no llega de una sola vez. Llega por incrementos.

Una tarde, me senté junto a Claire mientras la luz del atardecer entraba por las cortinas entreabiertas. La habitación estaba en silencio, salvo por el sonido del televisor.

Me incliné ligeramente para que pudiera verme mejor.

"Hola, Claire," dije suavemente. "Soy María."

Ella giró el rostro lentamente. Sus ojos se posaron en el mío con esfuerzo; no estaban vacíos ni fríos, solo buscaban. Observé cómo el reconocimiento intentaba formarse detrás de su mirada.

No lo hizo.

En cambio, sonrió con cortesía.

"¿Estás de visita?", preguntó.

Hay una ternura particular en esa pregunta.

Sentí la caída interna conocida, ese pequeño duelo que nunca termina de amortiguarse. Claire, mi suegra, quien había compartido conmigo celebraciones, conversaciones e historia común, ahora me encontraba como si fuera una extraña.

"Sí," respondí. "Estoy de visita."

No la corregí. No insistí en el recuerdo.

Me senté a su lado.

Hablamos de la luz que entraba por la ventana. De cómo se movían los árboles afuera. Por un momento, la identidad se aflojó. No estábamos definidas por títulos —suegra, nuera— ni por la arquitectura de la historia compartida.

Simplemente estábamos presentes.

Luego, inesperadamente, me miró y dijo, "Tienes ojos bondadosos."

Esa frase me atravesó.

No sabía mi nombre.

Pero reconoció mi presencia.

Más tarde, cuando Stephen entró y la bromeó sobre haber sido siempre tan fuerte de carácter, ella nos sorprendió con una respuesta rápida:«Alguien tenía que serlo», dijo, con ese destello familiar de ingenio.

Reímos.

No porque la enfermedad hubiera retrocedido. Sino porque algo esencial permanecía.

Aquella tarde transformó mi comprensión de la identidad. El Alzheimer despoja la memoria, el lenguaje, la continuidad narrativa, las mismas estructuras que usamos para definir quiénes somos. Revela cuánto de nuestra identidad está anclada en la historia, la competencia y los roles relacionales.

Y, sin embargo, debajo de esas capas, algo persiste. El tono. La calidez. El humor. Una manera particular de estar en el mundo. Presencia.

Ver a Claire perder el andamiaje cognitivo me obligó a enfrentar una pregunta incómoda:

Si la memoria se disuelve, ¿qué permanece del yo? La respuesta no fue productividad. Ni logro. Ni títulos. Fue esencia.

Esa experiencia transformó mi comprensión de la vida. Durante años, había medido la vitalidad a través del logro, la contribución, el liderazgo y la producción. Pero sentada al lado de esa cama, vi que cuando todo lo performativo se cae, lo que permanece no es lo que construiste.

Es cómo eres.

Cómo te sientas junto a alguien. Cómo escuchas. Cómo llevas calma a una habitación.

El Alzheimer me enseñó que la identidad no se asegura mediante el desempeño. Se revela en la presencia.

Esa realización influyó en todo lo que siguió: mi comprensión de la longevidad, del descanso, de la segunda mitad de la vida. La longevidad no es simplemente extender años. Es preservar la esencia. El descanso no es retirarse de la utilidad. Es proteger la presencia.

Cuando más tarde me descubrí ignorando la fatiga, desatendiendo señales corporales sutiles y empujando el cuerpo en nombre de la disciplina, recordé a Claire. Recordé cuán frágil puede ser el andamiaje de la función.

Recordé lo poco que importan los logros cuando la conciencia se reduce a una sola tarde de luz y respiración.

Cambió mi ritmo. Suavizó mi urgencia.

Hizo que el descanso se sintiera menos como indulgencia y más como reverencia —reverencia por el cuerpo, por el sistema nervioso, por la arquitectura limitada y preciosa que nos permite estar presentes en el mundo.

El Alzheimer no solo nos enseña sobre la pérdida. Nos enseña sobre la esencia. Y la esencia no necesita probar. Necesita ser protegida.

Y aun aquí, la vitalidad sigue siendo posible.

No como alegría forzada. No como negación. Sino como presencia.

La vitalidad en presencia de la pérdida es distinta. Es más silenciosa. Más deliberada. No exige que el duelo se resuelva antes de permitir que la vida continúe. Permite que el dolor y la vitalidad coexistan.

Mi amiga Lorrin describió cómo se sentaba junto a su esposo mientras su enfermedad avanzaba. Sus conversaciones se acortaban. Los planes desaparecían. El futuro se estrechaba. Al principio, ella sintió que también se encogía con él. Más tarde, algo cambió. Comenzó a notar pequeños momentos con una intensidad desconocida: el calor de su mano, el ritmo del silencio compartido, la manera en que la luz atravesaba la habitación por la tarde. Su vida se hizo más pequeña en alcance, pero más profunda en textura.

No era resignación. Era atención.

Mi hermana Zulema habló de sus limitaciones de salud tras años de soportar el dolor. Ya no podía viajar como antes. Su resistencia era impredecible. Al principio lo vivió como una pérdida de identidad. ¿Quién era sin su antigua capacidad? Con el tiempo, comenzó a rediseñar sus días. Y al hacerlo, descubrió que la capacidad había cambiado, pero su valor no.

Estas reflexiones dialogan con lo que he explorado en *Longevity: Reinvent Yourself at Any Age* y *Designing Your Longevity,* el objetivo no es la extensión infinita, sino la presencia sostenible. La longevidad, en su sentido más profundo, no consiste en evitar el declive a toda costa, sino en permanecer en relación con la vida a medida que cambia.

La pérdida también acerca la mortalidad.

Amigos enferman. Parejas envejecen. La muerte deja de ser abstracta y se vuelve cercana. Esta conciencia puede desestabilizar, pero también puede clarificar. Muchas mujeres reportan que, tras una pérdida significativa, lo trivial pierde fuerza. Disminuye el apetito por la apariencia. Se afila lo que realmente importa.

La vitalidad deja de ser acumulación y se convierte en intimidad con el momento.

Esto no significa que el dolor se redima automáticamente. La pérdida no se vuelve significativa solo por resistirla. Lo que cambia es la orientación. En lugar de esperar que la vida vuelva a ser como antes, una mujer comienza a encontrarse con la vida tal como es.

La presencia se convierte en un acto de valentía.

En *The Consciousness Blueprint* escribí sobre la presencia como el estado base que emerge cuando el conflicto interno se aquieta. La pérdida acelera ese proceso. Despoja la ilusión. Reduce el espacio para la distracción. Cuando una mujer se permite estar presente incluso en el dolor, descubre que la presencia no la abandona.

Aquí, la vitalidad puede verse como elegir una conversación nutritiva en lugar de múltiples obligaciones. Como honrar los límites del cuerpo sin resentimiento. Como llorar plenamente sin apresurar la resolución. Como reír de repente, no porque la pérdida haya desaparecido, sino porque la vida insiste en aparecer.

Este capítulo no sugiere que la pérdida sea una maestra que debamos agradecer. Sugiere que la pérdida es una realidad que debe enfrentarse con honestidad. La vitalidad no disminuye al reconocer la mortalidad. Se intensifica.

Estar viva en esta etapa es saber que el tiempo importa y vivir en consecuencia. Es amar sin garantías. Cuidar sin control. Permanecer despierta incluso cuando el futuro es incierto.

No es optimismo. Es valentía.

La invitación de este libro siempre ha sido hacia una vitalidad que se gana, no que se actúa. Una vitalidad que incluye descanso, verdad, límites, placer, discernimiento y ahora, duelo.

Cuando todo ello puede coexistir, la vida se vuelve más real, no menos.

La pérdida llegará. De alguna manera, ya ha llegado.

La pregunta no es si llorarás. La pregunta es si te permitirás vivir plenamente mientras lo haces.

Preguntas de Reflexión

1. ¿Qué formas de pérdida han marcado esta etapa de tu vida, ya sea a través de la salud, el cuidado de otros o la muerte de alguien que amas?

2. ¿Cómo han cambiado la enfermedad o las limitaciones físicas tu relación con tu cuerpo y tus expectativas sobre ti misma?

3. ¿Dónde sientes que el duelo está pidiendo espacio más que resolución?

4. ¿Qué te ayuda a sentirte viva incluso en presencia del dolor?

5. ¿Cómo ha clarificado la conciencia de la mortalidad lo que ahora consideras verdaderamente importante?

6. ¿En qué aspectos estás postergando la vitalidad hasta que la pérdida se sienta "resuelta"?

7. ¿Qué significaría permitir que el duelo y la vitalidad coexistan sin forzar que uno elimine al otro?

CAPÍTULO 16:
EL SISTEMA NERVIOSO SABE

"El cuerpo es nuestro primer lenguaje."
– Stephen Porges

Antes de leer la siguiente frase, haz una pausa. Levanta la mirada de la página.

Observa tu mandíbula. ¿Está suavemente relajada o sutilmente tensa? Deja que tu lengua descanse en el fondo de la boca. Permite que tus hombros desciendan, no de manera exagerada, solo lo suficiente para sentir la gravedad.

Ahora alarga tu exhalación.

No fuerces la inhalación. Simplemente deja que la exhalación dure un segundo más de lo habitual, como si empañaras suavemente un espejo.

Observa qué cambia.

Tal vez tu pecho se suaviza. Tal vez tu abdomen se libera ligeramente. Tal vez no ocurre nada evidente.

Pero algo se ha movido.

Tu sistema nervioso acaba de registrar seguridad.

Esta es la primera inteligencia del cuerpo.

Mucho antes del pensamiento, del lenguaje o de la narrativa, tu sistema nervioso está explorando el entorno y formulando una única pregunta silenciosa:

¿Estoy lo suficientemente segura como para relajarme?

Si la respuesta es incierta, el cuerpo se prepara.

La respiración se vuelve superficial.

La mandíbula se tensa.

Los hombros se rigidizan.

La mente se agudiza.

Esto no es disfunción. Es diseño.

El sistema nervioso dispone de tres respuestas amplias: movilizarse, inmovilizarse o conectar. La teoría polivagal de Stephen Porges da lenguaje a lo que sentimos instintivamente. Cuando percibimos seguridad, se activa el sistema de compromiso social. Nos sentimos abiertas, curiosas, relacionales. Cuando percibimos amenaza, incluso una amenaza sutil, el cuerpo se moviliza hacia la lucha o la huida. Cuando la sobrecarga es excesiva, puede cerrarse por completo.

El cuerpo no espera tu interpretación.

Se mueve primero.

Durante años viví en una franja estrecha de activación crónica y la llamé competencia.

Podía leer los ambientes rápidamente, anticipar tensiones, mantenerme alerta y gestionar la complejidad sin mostrar tensión visible. Creía que era disciplinada.

Pero disciplina y vigilancia no son lo mismo.

Mi respiración rara vez descendía por completo hacia el abdomen. Mis hombros descansaban ligeramente elevados, como si estuvieran preparados para el impacto. Incluso en contextos tranquilos, mi sistema nervioso permanecía en guardia.

No estaba en crisis. Estaba en estado de preparación.

El problema no es el estrés agudo. Es la micro-activación sostenida, esa que nunca escala lo suficiente para alarmarte, pero tampoco se resuelve lo suficiente para restaurarte.

La cirugía de la vesícula fue dramática. Pero la historia del sistema nervioso comenzó mucho antes de ese día. El cuerpo había estado susurrando a través de la tensión, la fatiga y las alteraciones digestivas. Yo traduje esos susurros como molestias. Eran inteligencia.

El descanso, entonces, no es colapso. Es un retorno a la regulación.

Prueba esto: Coloca una mano sobre el esternón y otra sobre las costillas inferiores. Inhala lentamente por la nariz. Permite que la mano inferior se mueva primero y luego la superior. Al exhalar, deja que ambas manos desciendan de manera natural.

Hazlo tres veces.

Observa si tu mente se resiste a la simplicidad del ejercicio.Observa si sientes impaciencia.

Esa impaciencia también es información.

En la segunda mitad de la vida, somos invitadas a una escucha más refinada.

No escuchar en busca de catástrofes. Escuchar la sutileza.

¿Esta conversación tensa tu pecho?¿Esta obligación acorta tu respiración?¿Este entorno te suaviza o te contrae?

El sistema nervioso sabe antes que tu agenda.

La presencia no es una mentalidad. Es un estado fisiológico.

Cuando tu cuerpo se siente seguro, tus pensamientos se aclaran, tu voz se estabiliza, tus límites se vuelven más precisos. Eres menos reactiva y más receptiva.

La longevidad no consiste en soportar más estrés. Consiste en restaurarse con mayor frecuencia. La diferencia entre desempeño y presencia es medible en el cuerpo.

El desempeño requiere activación.La presencia requiere regulación.

El trabajo ahora no es esforzarse más. Es notar antes. Tu cuerpo no es un obstáculo para tu propósito. Es el instrumento a través del cual tu propósito se vive. Y te ha estado hablando todo el tiempo.

A estas alturas, quizá hayas notado un patrón que atraviesa silenciosamente este libro: el movimiento del desempeño hacia la presencia, de la compulsión hacia la coherencia.

El descanso restaura la claridad.Los límites traen alivio.El deseo responde a la seguridad.El tiempo se siente escaso cuando la vida se vive con prisa y amplio cuando se vive con serenidad. Estos cambios no son solo filosóficos. Son fisiológicos.

Mucho antes de que se forme el pensamiento consciente, el sistema nervioso ya está respondiendo.

Evalúa continuamente seguridad, amenaza, conexión y capacidad. Modela cómo respiramos, cómo escuchamos, cómo respondemos al conflicto y cómo experimentamos la intimidad. Influye en si nos sentimos abiertas o a la defensiva, presentes o apresuradas, vivas o retraídas.

En la segunda mitad de la vida, muchas mujeres reconocen que su sistema nervioso lleva la huella de décadas de adaptación.

Esto no es patología. Es fisiología.

Durante años, muchas mujeres han vivido en estados de alerta elevada sin nombrarlo así. La responsabilidad, el cuidado, la labor emocional, el liderazgo y el logro requieren vigilancia. El sistema nervioso se adapta permaneciendo parcialmente activado. Esto permite capacidad de respuesta, productividad y resistencia. Pero también impide el descanso profundo.

Con el tiempo, este estado se vuelve familiar.

El cuerpo aprende a estar listo.

El descanso se vuelve superficial. La presencia se vuelve difícil de acceder. La alegría se vuelve esquiva. Los músculos permanecen sutilmente tensos. La respiración sigue siendo superficial incluso en momentos de quietud.

El sistema nervioso no responde solo a la lógica.

Responde a la experiencia.

Por eso la comprensión intelectual rara vez produce un cambio duradero. Una mujer puede entender que necesita descanso, límites u honestidad. Pero si su cuerpo ha aprendido que la seguridad es condicional —ganada mediante desempeño, complacencia o vigilancia— permanecerá en alerta hasta experimentar algo diferente.

Este capítulo no trata de diagnosticar trauma.

Trata de reconocer adaptación.

Muchas mujeres no estuvieron en peligro de formas dramáticas. Pero sí fueron requeridas a estar constantemente disponibles. Aprendieron a anticipar a los demás, gestionar climas emocionales, prevenir interrupciones y cargar responsabilidades en silencio. El sistema nervioso aprendió que la regulación dependía del control. Que el descanso llegaba solo después de que todo estuviera resuelto. Que la compostura era necesaria y el colapso peligroso.

Al entrar en la segunda mitad de la vida, esta estrategia deja de funcionar.

El cuerpo se vuelve menos dispuesto a sostener activación constante. Aparecen síntomas: fatiga que no se resuelve con sueño, ansiedad sin causa clara, irritabilidad desproporcionada, reactividad emocional que sorprende.

Estos no son fracasos de resiliencia. Son mensajes.

El sistema nervioso sabe cuando una mujer está viviendo fuera de alineación.

La Seguridad como Principio Organizador

La seguridad es el concepto central aquí. No comodidad. No facilidad. Seguridad significa que el sistema nervioso puede desacelerar. Que el cuerpo no anticipa daño, abandono o sobrecarga.

Muchas mujeres se sorprenden al reconocer cuán raramente se sienten verdaderamente seguras, no físicamente, sino internamente.

La seguridad se crea mediante consistencia, honestidad y límites. Cuando una mujer deja de forzarse a situaciones que requieren rigidez constante, el sistema nervioso comienza a asentarse. Cuando la verdad reemplaza al desempeño, la regulación se vuelve posible.

Una mujer describió cómo su ansiedad disminuyó solo después de dejar de aceptar compromisos que la dejaban agotada. Otra notó que su cuerpo se relajó por primera vez en años cuando dejó de gestionar las emociones de su pareja. Estos cambios no fueron descubrimientos cognitivos. Fueron respuestas fisiológicas. El cuerpo respondió antes de que la mente comprendiera plenamente el cambio.

El sistema nervioso también responde al ritmo.

Horarios irregulares, estimulación constante y demandas impredecibles lo mantienen en alerta. Cuando una mujer establece ritmos que honran el descanso, la transición y la presencia, el sistema nervioso se recalibra. Por eso prácticas como caminar, respirar conscientemente, moverse suavemente, el contacto físico y el silencio son tan efectivas. Hablan directamente el lenguaje del sistema nervioso.

La conexión desempeña un papel central.

El sistema nervioso es social. Se regula a través de la relación. Cuando una mujer se siente vista sin tener que desempeñarse, escuchada sin tener que explicarse y aceptada sin tener que ganarlo, el cuerpo se relaja. Por eso la autenticidad restaura el deseo. Por eso los límites profundizan la intimidad.

Por eso el poder compartido se siente estabilizador en lugar de amenazante.

La regulación no significa calma constante. Significa flexibilidad.

Un sistema nervioso regulado puede movilizarse cuando es necesario y asentarse después. Muchas mujeres han vivido en movilización sin recuperación durante décadas. Aprender a desacelerar no es debilidad. Es inteligencia.

A medida que las mujeres envejecen, la capacidad del sistema nervioso cambia. Disminuye la tolerancia a la sobrecarga. La recuperación lleva más tiempo. Aumenta la sensibilidad. Esto no es declive. Es información. El sistema nervioso está refinando lo que está dispuesto a cargar. Está pidiendo sostenibilidad en lugar de resistencia.

Comprender esto lo reconfigura todo.

El descanso no es pereza. Es regulación.

Los límites no son egoísmo. Son estabilizadores.

El deseo no es impredecible. Responde a la seguridad.

El tiempo se siente escaso cuando el sistema nervioso está activado y amplio cuando está regulado.

Por eso la prisa suele ser contraproducente. Cuando una mujer intenta transformar su vida rápidamente, el cuerpo se resiste. Interpreta la velocidad como amenaza. El cambio que honra al sistema nervioso se despliega gradualmente. Construye capacidad en lugar de abrumarla.

Este capítulo no trata de dominar el sistema nervioso.

Trata de escucharlo.

El sistema nervioso no necesita ser controlado. Necesita ser respetado.

Cuando una mujer vive de maneras que su sistema nervioso reconoce como seguras, alineadas y sostenibles, ocurre algo profundo. La energía regresa. La claridad se agudiza. Las relaciones se sienten menos cargadas. La vida se vuelve más habitable.

El sistema nervioso sabe lo que la mente todavía debate.

Sabe cuándo una mujer está viviendo con verdad.

Sabe cuándo ya no está disponible para patrones que la agotan.

Y responde con alivio.

Esta inteligencia ha estado presente todo el tiempo.

La segunda mitad de la vida ofrece la oportunidad de finalmente confiar en ella.

Preguntas de Reflexión

1. ¿Cómo señala tu cuerpo la seguridad o la amenaza en situaciones cotidianas?

2. ¿Dónde notas rigidez crónica, tensión o vigilancia en tu vida?

3. ¿Qué roles o patrones te han requerido estar constantemente alerta?

4. ¿Cómo afectan el descanso, los límites y la honestidad tu sensación de calma y claridad?

5. ¿Dónde se siente tu sistema nervioso más asentado y respaldado?

6. ¿Cómo cambia tu experiencia del tiempo cuando tu cuerpo se relaja?

7. ¿Qué significaría confiar en tu sistema nervioso como fuente de sabiduría en lugar de algo que debes anular?

CAPÍTULO 17:
EL CUERPO COMO ALIADO

"El cuerpo es el lugar donde nuestra historia se vuelve honesta."
– Parker Palmer

Creí que ya había aprendido la lección.

Después de la cirugía, después de la recuperación, después de escribir sobre escuchar al cuerpo, pensé que entendía el lenguaje de la limitación.

Y entonces me fui a esquiar a Vail con mi familia.

Fue una de esas semanas luminosas, con aire de montaña limpio y un cielo tan azul que parecía teatral. Mis dos hijos, Michael y Tommy, se movían con fuerza en las pistas. Mi nieta de seis años, Maven, intrépida y riendo, bajaba la montaña como si la gravedad fuera un juego que ya había aprendido a dominar.

Verla me llenó de alegría. Y de algo más.

Una insistencia silenciosa: *mantente al ritmo.*

A los setenta y seis, me ajusté los esquís y seguí. Me dije que lo haría despacio. Me dije que me quedaría en terreno manejable.

Pero hay un orgullo sutil que acompaña a la capacidad. Yo siempre he sido activa. Siempre fuerte. Siempre capaz de participar.

Mis rodillas, sin embargo, tenían otros datos.

La presión del descenso. La torsión repetida. La tensión acumulada de décadas de movimiento. Mi rodilla derecha, que ya cargaba con un desgarro de menisco de otro viaje de esquí años atrás, empezó a susurrar.

Una tirantez.

Rigidez por la noche.

Levantarse más lento del banco del refugio.

Lo minimicé.

"Es solo cansancio," dije. "Estamos todos agotados."

La semana siguiente, ya en mi casa en Florida, jugué golf con amigos en el **Ocean Golf Course** de **The Breakers** en Palm Beach. La brisa del océano era perfecta. Los fairways, impecables. Caminé el campo, hice el swing, me reí con mis amigos entre hoyo y hoyo.

Al anochecer, mi rodilla se sentía pesada.

A la mañana siguiente, se negó. Me desperté con un dolor agudo e inmovilizante. Cuando intenté ponerme de pie, la pierna no soportó el peso. La inflamación era visible. Enfurecida. Inequívoca. No podía caminar sin ayuda.

Hay un shock muy particular al despertar y darte cuenta de que tu cuerpo ha trazado un límite que tú no autorizaste.

Ahora, mientras escribo este libro, me siento con compresas de hielo y antiinflamatorios. Pruebo distintas estrategias. Negocio las escaleras con cuidado. Me muevo más despacio de lo que quisiera.

Y me hago la pregunta que atraviesa todo este libro:

¿Por qué sigo pasando por encima de mi cuerpo? Incluso ahora. Incluso después de la cirugía. Incluso después de escribir sobre presencia y sintonía.

¿Es el deseo de rendir más fuerte que la disciplina de observar límites?

Sospecho que la respuesta no es arrogancia. Es identidad.

No quiero ser la abuela que se queda en el refugio mientras los demás esquían. No quiero ser la golfista que rechaza los últimos nueve hoyos. No quiero ser la mujer que dice: «No puedo».

La capacidad ha sido parte de mi autoconcepto durante tanto tiempo que la limitación se siente como disminución.

Pero esto es lo que la rodilla me está enseñando, y con más persistencia de la que la teoría podría hacerlo.

El cuerpo no está impidiendo la participación. La está redefiniendo. Está haciendo una pregunta más refinada:

¿Qué es sostenible ahora?

A los setenta y seis, el espíritu quizá aún se sienta de cuarenta. El recuerdo de la fuerza sigue vivo. Pero las articulaciones, el cartílago, la inflamación... no son abstractos. Son realidades biológicas.

El cuerpo no me está castigando. Me está protegiendo del daño acumulativo. Me está pidiendo recalibrar la participación en lugar de abandonar la vitalidad.

Tal vez esquíe solo medio día y elija pistas más suaves. Tal vez baje una vez en el teleférico y me dedique a mirar a Maven con deleite, en vez de competir.

Tal vez juegue nueve hoyos y me vaya cuando aún me siento fuerte.

El aliado no siempre dice que sí.

A veces dice **basta**.

Y quizá este sea el trabajo más profundo de la segunda mitad de la vida:

Separar la aliveness (la sensación de estar viva) del sobreesfuerzo.

Entender que la vitalidad no exige violarse a una misma.

Reconocer que los límites no son evidencia de declive, sino de inteligencia.

La pregunta no es si enfrentaremos limitaciones. Las enfrentaremos.

La pregunta es si las recibimos con resentimiento o con alianza.

Mi rodilla no es el enemigo.

Es la mensajera.

Y todavía estoy aprendiendo a escuchar.

Cuando el Cuerpo Interrumpe tu Identidad

Llega un momento, a veces de forma repentina y a veces gradual, en que el cuerpo interrumpe la historia que te has contado sobre ti misma.

Siempre has sido la fuerte. La energética. La capaz. La que se mantiene al ritmo.

Y entonces algo se niega.

Una rodilla que no coopera.

Una espalda que se tensa.

Un corazón que acelera sin aviso.

Una fatiga que ya no cede ante la disciplina.

Y lo que duele no es solo la sensación física. Es la disrupción de identidad.

Si no puedo hacer lo que siempre he hecho, ¿quién soy ahora? Ahí es donde muchas nos volvemos adversarias de nuestro cuerpo. Empujamos más. Negociamos. Medicamos sin escuchar.

Nos comparamos con versiones más jóvenes de nosotras mismas.

Pero ¿y si la interrupción no es sabotaje? ¿Y si es refinamiento?

En la segunda mitad de la vida, el cuerpo a menudo se vuelve más específico.

Ya no tolera excesos. No absorbe la tensión con la misma discreción. Exige ritmo. Esto no es solo declive.

Es inteligencia insistiendo en la sostenibilidad. Cuando el cuerpo interrumpe tu identidad, te invita a preguntar:

- ¿Qué parte de mi autoconcepto depende del desempeño?

- ¿Dónde estoy probando mi vitalidad en lugar de preservarla?

- ¿Estoy participando desde la alegría o desde el miedo a quedarme atrás?

- ¿Qué haría posible honrar esta limitación?

La limitación puede sentirse humillante.

Pero también puede ser clarificadora.

Quizá no estás destinada a esquiar la pista más empinada, pero sí a mirar a tu nieta con presencia plena, en vez de atención dividida.

Quizá no estás destinada a jugar dieciocho hoyos, pero sí a salir del campo con energía, no inflamada.

Quizá el cuerpo no te está sacando de la vida. Te está reubicando dentro de ella.

La aliveness no se mide por la intensidad. Se mide por la coherencia.

El cuerpo como aliado no promete que podrás hacer todo lo que antes hacías. Promete que, si escuchas lo suficientemente temprano, podrás seguir participando con sabiduría, de manera sostenible y sin resentimiento.

Cuando el cuerpo interrumpe tu identidad, te hace una pregunta más amable de lo que imaginas:

¿Puedes estar completa sin sobreexigirte? La respuesta no se encuentra empujando. Se encuentra en la alianza.

El cuerpo como aliado, no como algo que conquistar.

En la segunda mitad de la vida, el cuerpo ya no es abstracto. Ya no puede ser ignorado, optimizado indefinidamente ni disciplinado hasta la obediencia. Cambia. Señala. Limita. Y recuerda. Estos cambios suelen enmarcarse como pérdida, y sin embargo también abren la posibilidad de una relación distinta: una relación basada no en el control, sino en la colaboración.

Tratar al cuerpo como aliado no es negar su vulnerabilidad. Es reconocer que el cuerpo sigue siendo inteligente y comunicativo, incluso cuando ya no se comporta como antes. La fuerza puede fluctuar. La energía puede llegar de manera irregular. La recuperación puede tardar más. Estas variaciones no vuelven al cuerpo poco confiable. Exigen una escucha diferente.

Muchas mujeres pasan gran parte de su vida gestionando el cuerpo en lugar de habitarlo. El cuerpo se convierte en instrumento: algo que se mantiene para cumplir responsabilidades y evitar interrupciones. En la segunda mitad de la vida, la interrupción se vuelve inevitable. Aparecen asuntos de salud. Las sensaciones exigen atención. La fatiga se niega a ser negociada. El cuerpo insiste en relación.

Al principio, esa insistencia puede sentirse como traición.

Mi amiga Kate lo describió así después de su enfermedad. Siempre había confiado en que su cuerpo rendiría. Hacía ejercicio, comía bien, descansaba cuando podía, y asumía que la resiliencia era algo seguro. Cuando enfermó, al inicio no fue dramático: una pesadez creciente, falta de aire inexplicable, un cansancio que no se iba. Luego llegó el diagnóstico, los tratamientos, los largos meses de recuperación.

Lo que más la sorprendió no fue la limitación física, sino la ruptura emocional.

"Sentí que mi cuerpo se había vuelto contra mí," dijo. "Yo había hecho todo bien."

En los primeros meses, intentó recuperar el control. Kate se forzó a volver a sus rutinas. Midió el progreso por cuán cerca podía estar de su capacidad anterior. Cada retroceso se sentía personal. Cada límite se sentía como fracaso.

El giro llegó en silencio.

Una mañana, en lugar de obligarse a completar una caminata que *debería* poder hacer, se detuvo. Se sentó en un banco y observó la respiración. Sintió el sol en el rostro. Dejó que el cuerpo marcara el ritmo, en vez de discutir con él.

No ocurrió nada espectacular.

Pero algo se suavizó.

Con el tiempo, Kate escuchó de otra manera. La fatiga dejó de ser un obstáculo que había que vencer y se convirtió en una señal para reducir el paso. El dolor dejó de ser enemigo y se convirtió en límite.

El cuerpo no estaba retirando apoyo, estaba renegociando términos.

Esa renegociación requirió duelo. Ella lloró lo que su cuerpo antes permitía sin preguntas. Soltó supuestos sobre control, previsibilidad y justicia. Esas pérdidas eran reales. Merecían reconocimiento, no optimismo forzado.

Y aun así, junto al duelo, emergió otra cosa.

Las prioridades se clarificaron. Lo trivial perdió urgencia. Kate se volvió más selectiva —no solo con la energía, sino también con las personas. Notó placeres que antes pasaban de largo: la satisfacción del descanso, el consuelo de la quietud, la intimidad de estar plenamente presente para lo pequeño.

Su cuerpo no la había traicionado.

La había redirigido.

La enfermedad y el cambio físico no llegan con manuales. Alteran la identidad tanto como la rutina. Exigen que las mujeres suelten acuerdos antiguos —basados en aguante, anulación y postergación— y entren en acuerdos nuevos, sostenidos por la capacidad de respuesta.

Incluso dentro de la limitación, el cuerpo sigue ofreciendo guía. Señala cuando el descanso importa más que el esfuerzo. Cuando la conexión importa más que la productividad. Cuando la presencia sostiene más que el desempeño.

El cuerpo también guarda memoria. Recuerda el estrés minimizado, el duelo postergado y la alegría plenamente encarnada. Cuando una mujer empieza a escuchar distinto, suele reconocer cuánto ha sostenido el cuerpo en silencio. Ese reconocimiento puede ser tierno. También puede ser liberador. El cuerpo ha estado ahí todo el tiempo, incluso cuando fue ignorado.

En esta etapa, la mortalidad se vuelve más visible. Amigos enferman. Parejas envejecen. La pérdida se vuelve personal, no teórica. La fragilidad del cuerpo refleja la finitud de la vida. Esta conciencia no necesariamente disminuye la vitalidad. A menudo la intensifica. Cuando la vida ya no se da por sentada, se encuentra con mayor plenitud.

Tratar al cuerpo como aliado no exige positividad constante ni resignación. Pide capacidad de respuesta sin juicio. Ajuste sin colapso. Honrar límites sin renunciar al vínculo con la vida.

El cuerpo no exige retirarte de la vida.

Pide una calidad distinta de presencia.

Este libro ha enfatizado vitalidad, placer, descanso y agencia. Todo eso sigue estando disponible incluso junto a la enfermedad, el cuidado o el cambio físico. La aliveness no es ausencia de dificultad. Es la capacidad de permanecer presente dentro de ella.

Algunas lectoras estarán navegando incertidumbre, cuidado o duelo. Otras vivirán con condiciones crónicas o diagnósticos nuevos. Estas experiencias no excluyen a nadie de la vida que aquí se describe. La modelan. Refinan lo que importa.

El cuerpo como aliado pide confianza en lugar de dominación. Curiosidad en lugar de frustración. Colaboración con lo que es, en lugar de duelo interminable por lo que ya no es.

En esta temporada, el cuerpo deja de ser algo que conquistar y se vuelve algo a acompañar. Ofrece verdad, incluso cuando esa verdad incomoda. Ofrece presencia, incluso cuando la certeza se ha ido.

El cuerpo no promete fuerza ilimitada. Ofrece honestidad.

Y en la segunda mitad de la vida, la honestidad puede ser una de las formas más fieles de apoyo que tenemos.

Preguntas de Reflexión

1. ¿Cómo ha evolucionado tu relación con tu cuerpo en distintas etapas de tu vida?

2. ¿En qué aspectos los cambios físicos o los desafíos de salud te han pedido renegociar la manera en que vives?

3. ¿Qué señales te ofrece tu cuerpo que todavía estás aprendiendo a confiar?

4. ¿Cómo han reconfigurado tus prioridades las experiencias de enfermedad, cuidado o pérdida?

5. ¿Dónde notas momentos de aliveness incluso junto a la limitación?

6. ¿Qué significaría responderle a tu cuerpo con curiosidad en lugar de frustración?

7. ¿Cómo cambiaría esta etapa de tu vida si trataras a tu cuerpo como un aliado?

CAPÍTULO 18:
EL TIEMPO RECUPERADO

"La mala noticia es que el tiempo vuela. La buena noticia es que tú eres la piloto".
– Michael Altshuler

Para mí, el tiempo no se recuperó en una mañana tranquila de reflexión, sino en la inmovilización.

Después de esquiar en Vail y jugar golf la semana siguiente, mi rodilla derecha decidió el asunto por mí.

No fue sutil.

Me desperté incapaz de ponerme de pie sin un dolor agudo e inmediato. La articulación estaba inflamada, hinchada, no cooperaba. Cada intento de soportar peso se sentía como negociar con un límite que yo no podía sobrepasar.

La primera mañana me dije que mejoraría por la tarde. Para la segunda mañana, no había mejorado. Me senté al borde de la cama, con el teléfono en la mano, recorriendo la semana por delante. Reuniones programadas. Llamadas confirmadas. Compromisos asumidos semanas antes. Almuerzos acordados. Una conversación de junta. Una sesión de estrategia. Cada entrada asumía movilidad. Cada entrada asumía disponibilidad.

Durante décadas, estructuré mi vida alrededor del movimiento hacia adelante. Mi calendario era prueba de contribución. El espacio vacío antes me inquietaba.

Ahora, mi cuerpo estaba inmóvil.

Dudé antes de abrir el correo. Cancelar dos semanas de citas se sentía dramático. Irresponsable. Casi indulgente.

¿Y si pasaba algo importante sin mí?¿Y si perdía una oportunidad?¿Y si el impulso se frenaba?

El reflejo antiguo se activó de inmediato.

Empuja. Ajusta. Preséntate de todos modos.

Pero yo no podía caminar.

Y entonces, con una firmeza que me sorprendió, comencé a escribir.

"Necesito reprogramar."

"Estoy temporalmente indisponible."

"Me volveré a conectar en dos semanas."

Uno por uno, despejé el calendario. Con cada confirmación de cancelación que llegaba, yo esperaba resistencia. En cambio, recibí amabilidad.

"Cuídate."

"Nos reconectamos cuando estés lista."

"No hay problema."

Ninguna crisis.

Ningún desmoronamiento.

Ninguna urgencia adicional.

El mundo no colapsó.

Nadie me necesitó.

Esa realización cayó con suavidad, pero con claridad.

Durante años, creí que mi presencia era necesaria para sostener el impulso. Que si me apartaba, aunque fuera brevemente, algo fallaría.

Pero nada falló.

De hecho, algo en mí se acomodó.

Los primeros días fueron incómodos. Me movía despacio por la casa, poniendo hielo en la rodilla, elevándola, observando el ritmo del día pasar sin mi intervención. Noté cuántas veces buscaba el teléfono por hábito y no por necesidad.

Sin citas a las que asistir, me quedé con algo que rara vez me había permitido:

Tiempo sin asignación. Al principio se sintió como pérdida. Luego empezó a sentirse como restauración.

Leí sin escanear. Me senté sin hacer varias cosas a la vez. Permití que la sanación ocurriera sin narrar productividad alrededor de ella. Y a medida que la inflamación fue disminuyendo, apareció otra claridad. Muchos de mis compromisos eran heredados de temporadas anteriores. Algunos aún se alineaban. Otros existían porque yo había dicho que sí por reflejo y nunca volví a revisar ese acuerdo.

La rodilla interrumpió la urgencia.

Y al hacerlo, expuso cuánto de mi ocupación era hábito y no intención. Recuperar tiempo no requirió jubilación. Requirió interrupción. La verdad sorprendente no era que yo necesitara descanso. Era que el mundo no requería mi disponibilidad constante. Las oportunidades que temía perder eran, en gran medida, imaginadas. El valor que creía proteger con mi presencia no disminuía con mi ausencia.

Durante dos semanas, mi cuerpo dictó el ritmo.

Y en lugar de sentirme irrelevante, me sentí recalibrada. Me di cuenta de que el tiempo no se recupera por la fuerza. Se recupera por límite.

Mi rodilla no solo estaba sanando. Estaba enseñándome. Que la urgencia a menudo es autoimpuesta.

Que la disponibilidad suele estar sobreestimada. Que dar un paso atrás no borra el impacto.

En la quietud encontré algo inesperado. No vacío. Agencia.

El tiempo no se había perdido.

Había sido devuelto.

"Pero Yo No Puedo Bajar el Ritmo."

Si estás leyendo esto y piensas: *Eso es fácil para ti. Yo no puedo vaciar mi calendario. Tengo responsabilidades. Fechas límite. Personas que dependen de mí*, lo entiendo. No todas las mujeres pueden cancelar dos semanas de citas.

Pero el tiempo recuperado no siempre comienza restando. A veces comienza con el **tempo**.

Pienso en mi amiga Elena. Su vida seguía llena. Dirigía una consultoría. Cuidaba a padres mayores. Participaba en la vida de sus nietos. Su calendario no se vació.

Pero algo cambió en su ritmo interior. Antes, se movía por los días con un reloj invisible siempre corriendo un poco por delante. Incluso en conversación, se inclinaba mentalmente hacia la próxima tarea. Después de un susto de salud, menos dramático que una cirugía, pero lo bastante serio como para alarmarla, tomó una decisión silenciosa:

No reduciría responsabilidades de inmediato. Reduciría reactividad. Empezó por las mañanas. En lugar de tomar el teléfono antes de que sus pies tocaran el suelo, esperó diez minutos. Diez minutos de respiración. De mirar por la ventana. De permitir que su sistema nervioso se asentara antes de absorber las demandas del mundo.

Su calendario siguió lleno. Pero ella entró en él de otra manera. En reuniones, dejó de interrumpir el silencio para acelerar conclusiones. Dejó que otros terminaran sus ideas. Respondía en lugar de reaccionar.

Cuando aparecía un problema, hacía una pausa antes de ofrecer soluciones. "Déjame pensarlo," se volvió una respuesta legítima, en vez de una admisión de debilidad.

Su carga de trabajo no disminuyó de la noche a la mañana. Su velocidad interna sí. Elena dejó de duplicar compromisos por costumbre. Construyó márgenes de quince minutos entre citas, no para meter más, sino para absorber lo que acababa de ocurrir.

Al principio se sintió ineficiente. Luego se sintió efectiva. Nada en su vida externa se derrumbó. De hecho, sus decisiones mejoraron. Su comunicación se afinó. Sus noches quedaron menos abarrotadas mentalmente. Elena no recuperó tiempo por tener menos que hacer. Lo recuperó por habitar lo que ya estaba haciendo. Bajar el ritmo no siempre se trata de quitar compromisos.

Se trata de quitar compulsión. Se trata de notar el reflejo de correr... y negarse a obedecerlo. Tal vez no puedas cancelar dos semanas. Pero ¿puedes recuperar diez minutos antes de que comience tu día?

¿Puedes permitir que una conversación se despliegue sin acelerarla? ¿Puedes decir "te respondo luego" en lugar de contestar al instante? ¿Puedes pasar de la urgencia a la intención en aunque sea un área de tu vida?

Recuperar tiempo tiene menos que ver con el volumen y más con la postura. Puedes vivir una vida plena a un ritmo sostenible. Puedes seguir comprometida sin vivir frenética.

Mi rodilla forzó mi pausa.

Elena eligió la suya.

Ambas **llegaron** a la misma verdad:

El tiempo no es solo algo que gestionamos. Es algo que encarnamos. Cuando desaceleras tu reloj interno, aunque sea un poco, vuelves al asiento de la piloto.

No porque el cielo se haya despejado, sino porque tú lo hiciste.

Habitar el tiempo, no pelear con él.

Durante gran parte de la vida, el tiempo se vive como algo externo, algo que actúa sobre nosotras más que algo que habitamos. Presiona, acelera y exige respuesta. Los días se organizan alrededor de la urgencia. Las semanas se miden por productividad. Los años se evalúan por hitos alcanzados o postergados. En esta orientación, el tiempo rara vez se siente espacioso. Se soporta, se administra o se persigue.

Muchas mujeres han vivido con maestría dentro de esta estructura. Han aprendido a optimizar agendas, a hacer varias cosas a la vez, a pasar rápidamente de una demanda a la siguiente. Esa competencia ha permitido logro y responsabilidad. También ha creado una relación con el tiempo moldeada más por presión que por presencia.

En la segunda mitad de la vida, muchas mujeres sienten que esa relación ya no encaja. El ritmo que antes parecía necesario ahora se siente abrasivo. La urgencia permanece incluso cuando las demandas originales han disminuido. El cuerpo se desacelera, pero el reloj interno sigue corriendo. Ese desajuste produce un cansancio que el descanso, por sí solo, no resuelve.

La urgencia se aprende.

Se absorbe a través de mensajes culturales que equiparan velocidad con relevancia y productividad con valor. Muchas mujeres han pasado décadas en entornos donde bajar el ritmo significaba quedarse atrás, perder valor o decepcionar a otros. Incluso cuando las presiones externas se reducen, el ritmo interiorizado permanece. El tiempo sigue sintiéndose escaso, aun cuando ya no esté objetivamente restringido.

Recuperar el tiempo no empieza con calendarios o límites. Empieza con conciencia. Pregunta: ¿cómo se vive el tiempo por dentro? ¿Se siente apresurado o espacioso? ¿Fragmentado o continuo? ¿Opresivo o acompañante? Estas preguntas revelan si una mujer está en relación con el tiempo o en resistencia a él.

La presencia expande el tiempo.

Cuando la atención está dispersa, los momentos se colapsan en un borrón. Los días pasan rápido pero se sienten delgados. Cuando la atención se reúne, el tiempo se abre. Una conversación plenamente habitada puede sentirse más rica que un día entero de multitarea. La presencia no añade horas al reloj. Profundiza la experiencia.

Muchas mujeres se sorprenden al descubrir cuánto tiempo consumen la ansiedad anticipatoria y la rumiación retrospectiva. El futuro se ensaya una y otra vez. El pasado se repite y se corrige. El presente se vuelve un corredor estrecho entre ambos. Cuando una mujer nota este patrón sin juicio, algo cambia. El tiempo se recupera no haciendo menos, sino estando donde está.

Una mujer describió darse cuenta de que se apresuraba a atravesar momentos que había esperado años por vivir: mañanas tranquilas, tardes sin estructura, noches sin obligación. La urgencia que cargaba había sobrevivido a su propósito. Cuando dejó que los momentos se completaran sin llenarlos, el tiempo volvió a sentirse generoso.

El Tiempo como Elección

Pensar el tiempo como elección cambia la experiencia. En lugar de preguntar cómo encajar más en horas limitadas, la pregunta se vuelve: **¿qué merece estar aquí?**

Este discernimiento no se trata de retirarse ni de minimalismo. Se trata de alineación. Cuando el tiempo se elige con intención, incluso los días ordinarios se sienten coherentes.

La vida empieza a sentirse escrita por una misma, en lugar de reactiva.

A medida que envejecemos, la ilusión de tiempo infinito se desvanece. Esa conciencia puede provocar ansiedad o claridad. En ese ablandamiento, el discernimiento se afila. Las decisiones se vuelven más limpias. La vida que queda ya no se mide por volumen, sino por coherencia.

Vivir más allá de la urgencia no significa desconectarse de la vida. Significa rechazar la prisa innecesaria. Significa reconocer que la velocidad no es medida de significancia. Algunas cosas requieren tiempo para madurar. Las conversaciones profundizan cuando no se apresuran. Las decisiones se aclaran cuando no se fuerzan.

Tratar el tiempo como compañero ofrece una postura más amable. El tiempo deja de ser un adversario al que hay que ganarle y se vuelve el medio a través del cual la vida se despliega. Cuando una mujer deja de pelear con el tiempo, a menudo descubre que tiene más: no en cantidad, sino en calidad.

La amplitud trae claridad.

Cuando la vida se vive en sprint constante, la intuición queda ahogada. Las decisiones se vuelven reactivas. Los patrones permanecen invisibles. En la amplitud, emergen señales. Las prioridades se organizan solas. El sistema nervioso se asienta lo suficiente para registrar lo verdadero.

Una mujer compartió que su mayor sensación de libertad no vino de tener menos obligaciones, sino de soltar la urgencia interna. Seguía trabajando. Seguía contribuyendo. Lo que cambió fue cómo se movía. Hacía más pausas. Escuchaba más tiempo. El tiempo volvió a sentirse habitable.

Recuperar el tiempo también es relacional. Cuando una mujer deja de apresurarse a sí misma, deja de apresurar a los demás. Las conversaciones se vuelven menos transaccionales.

La presencia reemplaza al desempeño. Las relaciones se profundizan no porque se pase más tiempo, sino porque el tiempo se usa distinto.

Este capítulo no argumenta contra la ambición ni la contribución. Argumenta a favor de la coherencia. Cuando el tiempo se vive en lugar de gestionarse, la vida se siente menos fragmentada. El esfuerzo se vuelve intencional. El descanso se vuelve restaurador. La alegría se vuelve accesible sin tener que agendarla.

El tiempo reimaginado no es infinito. Es intencional. Honra la finitud sin pánico. Permite vivir plenamente dentro del tiempo que hay, en lugar de negociar constantemente con el tiempo que se imagina que falta.

En la segunda mitad de la vida, recuperar el tiempo no se trata de ralentizarlo todo. Se trata de alinear el ritmo con la verdad. Cuando una mujer habita el tiempo de otra manera, la vida se vuelve menos urgencia y más presencia.

Esto es recuperar el tiempo: no controlarlo, sino vivir dentro de él.

Preguntas de Reflexión

1. ¿Cómo experimentas el tiempo con más frecuencia: como presión, obligación o presencia?

2. ¿Dónde persiste la urgencia en tu vida, aun cuando ya no es necesaria?

3. ¿Cómo te avisa tu cuerpo cuando estás corriendo por dentro?

4. ¿Qué momentos atraviesas rápidamente que antes

anhelabas alcanzar?

5. ¿Cómo altera la presencia tu percepción del paso del tiempo?

6. ¿Qué se vuelve más claro cuando permites más amplitud en tus días?

7. ¿Qué significaría tratar al tiempo como un compañero y no como un adversario?

CAPÍTULO 19:
ENVEJECER SIN DISCULPAS, SOLTAR LA VERGÜENZA Y CONFIAR EN TI MISMA

"El privilegio de toda una vida es llegar a ser quien verdaderamente eres".
– Carl Jung

Para muchas mujeres, envejecer trae una carga no dicha. No es solo la conciencia del tiempo que pasa o del cuerpo que cambia. Es la presión silenciosa de suavizarse, encogerse o retirarse sin nombrar la pérdida que eso implica. Desde temprana edad, a las mujeres se les enseña que el valor está ligado a la juventud, la complacencia y el atractivo. Cuando esos marcadores cambian, muchas interiorizan la sensación de haber pasado su mejor momento, incluso cuando su vida interior es más rica, más clara y más sólida que nunca.

Ahí es donde comienza la disculpa.

Rara vez llega como un pensamiento único. Aparece con sutileza. En cómo una mujer habla de su edad con calificativos o con humor que la disminuye. En cómo minimiza su experiencia para no parecer "fuera de lugar". En cómo duda al reclamar autoridad sin explicaciones. La disculpa suele ser silenciosa: se carga en el tono, la postura y la autoexigencia, más que en las palabras.

Envejecer sin disculpas empieza por dentro. Requiere reconocer cuán profundamente se ha absorbido la vergüenza. Vergüenza por ya no ser "nueva". Vergüenza por necesitar descanso. Vergüenza por tener opiniones, límites o deseos. Esa vergüenza no es resultado de un fallo personal. Es una herencia cultural.

Muchas mujeres notan que, al envejecer, disminuye su tolerancia a la apariencia. Se vuelven menos dispuestas a "actuar" optimismo, atractivo o complacencia para sostener la comodidad ajena. Hablan con más franqueza. Eligen con más cuidado. Ese cambio suele traer alivio y miedo al mismo tiempo: alivio porque disminuye el esfuerzo de editarse; miedo porque salir de la disculpa puede sentirse como un riesgo social.

Envejecer sin disculpas no significa rechazar el duelo. Muchas mujeres duelan aspectos del envejecimiento con honestidad: cambios físicos, menor resistencia, cambios en la visibilidad, la pérdida de una facilidad que antes parecía automática. Envejecer sin disculpas permite el duelo sin auto-rechazo. Reconoce la pérdida sin convertirla en disminución.

Soltar la vergüenza requiere confianza en una misma.

En la primera mitad de la vida, el feedback externo suele orientar decisiones. La aprobación, el ascenso y el reconocimiento dan dirección. En la segunda mitad, esas señales se vuelven menos confiables. Pueden llegar con menos frecuencia o sentirse menos relevantes. Entonces aparece la auto-confianza. Y esta confianza no es fanfarronería ni certeza rígida. Es una firmeza que ya no se apresura a justificarse.

Las mujeres que confían en sí mismas reaccionan menos al juicio. No son inmunes, pero están menos gobernadas por él. Saben lo que han soportado. Saben lo que han aprendido. Ya no sienten que deben "audicionar" para ser legítimas.

Una mujer contó que dejó de corregir a quienes la subestimaban. Ya no se apresuraba a probar relevancia o competencia. Permitía que el silencio hiciera su trabajo. Lo que descubrió no fue borramiento, sino discernimiento. Se volvió más selectiva sobre dónde invertir su energía. Su vida se hizo más silenciosa, pero más verdadera.

Confiar en una misma también significa aceptar límites sin juicio moral. La energía fluctúa. La capacidad cambia. La recuperación tarda más. Las prioridades se estrechan. Estas no son señales de declive. Son señales de refinamiento. El cuerpo y la psique están aclarando qué importa y qué ya no necesita cargarse.

Envejecer sin disculpas no es una "confianza" como actuación. Es alineación. Cuando una mujer está alineada, no necesita defender su presencia. La habita. Su autoridad no es ruidosa. Es estable. Se siente.

Este capítulo invita a una revisión interna: ¿dónde la disculpa se volvió hábito y no elección? ¿qué mensajes culturales se han interiorizado sin cuestionarlos? ¿dónde podría la auto-confianza reemplazar la auto-corrección?

Envejecer sin disculpas no requiere confrontación. Requiere claridad. Permite que una mujer se sostenga dentro de su vida sin encogerla para la comodidad ajena. Reemplaza la auto-vigilancia por el auto-respeto. El fin de la disculpa no es arrogancia.

Es paz.

Preguntas de Reflexión

1. ¿En qué momentos notas que minimizas, calificas o "pides disculpas" por tu edad?

2. ¿Qué mensajes sobre el envejecimiento absorbiste en etapas tempranas de tu vida que hoy ya no te parecen ciertos?

3. ¿Cómo ha evolucionado tu relación con la auto-confianza a lo largo de distintas etapas de tu vida?

4. ¿Qué formas de vergüenza aún aparecen alrededor de la visibilidad, el deseo o la autoridad?

5. ¿Cómo respondes internamente cuando surgen cambios físicos o de energía?

6. ¿Dónde podría la aceptación reemplazar el auto-juicio en esta etapa de tu vida?

7. ¿Qué significaría confiar más en la mujer que eres hoy que en la mujer que fuiste antes?

CAPÍTULO 20:
VOZ, VISIBILIDAD Y BELLEZA REDEFINIDA

"Se necesita valor para crecer y convertirse en quien realmente eres."
– E. E. Cummings

Hace unos días, me paré frente al espejo y no me ajusté de inmediato.

No moví la luz.

No giré ligeramente el cuerpo.

No escaneé en busca de lo que debía mejorarse.

Solo me quedé allí.

El baño estaba en silencio. La luz temprana entraba por la ventana, lo suficientemente suave para ser amable, pero lo bastante honesta como para revelar todo. Vi las líneas alrededor de mis ojos con más claridad que antes. La suavidad en mi mandíbula. El leve asentamiento de la piel en mis brazos. Un cuerpo moldeado por setenta y seis años de vida.

Durante décadas, el espejo había sido un lugar de evaluación.

¿Se mantiene?

¿Aún cumple con la medida?

¿Todavía puede competir?

Nunca lo había formulado así de manera consciente, pero la orientación estaba ahí – la belleza como mantenimiento, la belleza como moneda, la belleza como permiso sutil para seguir siendo visible.

Pero esa mañana algo cambió.

En lugar de corregir, observé.

Noté cómo estaba de pie: erguida, firme. Noté que mis hombros descansaban de forma natural en vez de retraídos para parecer más firmes. Noté el ritmo de mi respiración.

Este cuerpo había llevado hijos en su interior. Había negociado en salas de juntas. Había caminado por pasillos de hospital.

Había esquiado montañas, incluso cuando protestaba. Había estado sentada junto a camas en medio del duelo.

Había jugado golf bajo el sol de Florida. Había soportado cirugías. Había sanado. Había aprendido a adaptarse.

Las líneas que antes intentaba suavizar eran evidencia de risa y de intensidad. La suavidad no era descuido; era biología. Los cambios no eran fracaso; eran cronología.

Por primera vez en mucho tiempo, me sentí en casa. Nada en mi apariencia cambió esa mañana. Lo que cambió fue mi relación con ella.

Comprendí que durante años había buscado la belleza como permiso, permiso para sentirme relevante, permiso para sentirme vista, permiso para entrar en una habitación sin disculparme.

¿Y si en la segunda mitad de la vida la belleza ya no es cuestión de permiso?

¿Y si es cuestión de coherencia? Coherencia entre cómo me siento y cómo me presento. Entre comodidad y expresión. Entre vitalidad y verdad.

Empecé a vestirme de manera diferente, no de forma dramática, sino intencional. Ropa que se sintiera alineada con mi cuerpo en lugar de moldeada para disimularlo. Zapatos que apoyaran el movimiento en vez de demostrar resistencia. Telas que se movieran conmigo en lugar de restringirme.

No para atraer atención.No para retirarme de ella.Sino para habitarme sin negociación.

Esto no es resignación. Es encarnación.

La resignación dice, *Ya no importa*. La encarnación dice, *Importa de otra manera*.

La belleza en la juventud suele actuar. La belleza en la madurez resuena.

Menos simetría.

Más firmeza.

Menos superficie.

Más presencia.

Una mujer en paz consigo misma irradia algo inconfundible. No es coquetería. No es estrategia. No es exigencia. Es arraigo. Y el arraigo es magnético.

Redefinir la belleza, para mí, significó esto:

La belleza es la expresión visible de la confianza en una misma. Es la manera en que entras a una habitación sin tensarte. La forma en que te sientas sin contraerte. La manera en que te encuentras con tu reflejo sin discutir con él.

La segunda mitad de la vida no elimina la belleza. Elimina la actuación.

Lo que queda es más verdadero.

Y lo verdadero, he aprendido, es mucho más convincente.

Cuando la disculpa interna comienza a aflojarse, algo más se vuelve posible: una expresión que coincide con la verdad interior.

Envejecer sin disculpas no es solo una postura interna. Moldea la forma en que una mujer se mueve por el mundo, cómo habla, cómo ocupa espacio, cuánta visibilidad se permite. El cambio interior hacia la auto-confianza busca naturalmente una forma exterior. Lo que se ha estado reorganizando en silencio empieza a mostrarse.

Para muchas mujeres, la voz ha sido cuidadosamente administrada durante décadas. Aprendieron cuándo hablar, cuánto decir y cómo suavizar la verdad para que fuera bien recibida. Aprendieron a matizar opiniones, a ofrecer tranquilidad antes que convicción, a priorizar la armonía por encima de la claridad. Estas adaptaciones fueron a menudo necesarias. Protegieron relaciones y abrieron oportunidades. Con el tiempo, sin embargo, se volvieron hábitos más que elecciones.

El envejecimiento puede intensificar ese silencio. Las narrativas culturales sugieren que las mujeres mayores deben retirarse con gracia, hablar con menos fuerza y ceder espacio. Sin embargo, muchas sienten el impulso contrario. A medida que la experiencia se acumula, la claridad aumenta. A medida que la auto-confianza se profundiza, el deseo de hablar con honestidad se fortalece. Lo que antes parecía arriesgado ahora parece necesario.

La voz regresa cuando el permiso se concede por dentro.

Esto no significa hablar más o más fuerte. Significa hablar sin borrarse. Cuando una mujer deja de disculparse por su presencia, sus palabras adquieren peso. No llegan apresuradas. No están llenas de cautela excesiva. Surgen de la experiencia vivida, no de la búsqueda de aprobación. El silencio se convierte en aliado y no en amenaza. Las pausas se permiten. Las palabras aterrizan.

Mi amiga Ana contó que dejó de justificar su experiencia en entornos profesionales. Ya no antecedía sus aportes con disculpas o humor autocrítico. La respuesta fue inmediata. La escucharon de manera diferente, no porque exigiera autoridad, sino porque dejó de disculparse por ella.

La visibilidad atraviesa una transformación similar.

Para algunas mujeres, la invisibilidad llega sin ser invitada con la edad. Son menos consultadas, menos interrumpidas, menos tomadas en cuenta. Para otras, la invisibilidad se convierte en refugio, un alivio frente al escrutinio y la actuación de años anteriores. Envejecer sin disculpas devuelve la elección. Una mujer puede decidir cuándo y dónde ser visible, y cuándo la privacidad la nutre más. Ambas son expresiones de agencia.

La visibilidad sin disculpas no se trata de recuperar juventud o atención. Se trata de reclamar presencia. Permite que una mujer sea vista como es ahora, no como fue, ni como se espera que sea. Esta presencia es más silenciosa, pero más arraigada. Menos reactiva. Más intencional.

Rita compartió cómo, más adelante en su vida, se permitió mostrarse creativamente después de años de postergación. No buscaba validación. Simplemente compartía lo que era verdadero. El alivio no vino del reconocimiento, sino de la expresión misma. La visibilidad se convirtió en un acto de integridad, no de actuación.

La belleza también se redefine en esta etapa.

Durante gran parte de la vida, la belleza se trata como moneda. Se cultiva, se evalúa, se compara y se intercambia por aprobación o pertenencia. Se moldea según estándares externos que rara vez evolucionan al ritmo de las mujeres. El envejecimiento expone la fragilidad de esos estándares. Lo que antes prometía valor ya no encaja con la realidad vivida.

Al principio, esto puede sentirse como pérdida.

Pero muchas mujeres descubren algo inesperado: cuando la belleza deja de buscarse como permiso, se convierte en presencia.

En la segunda mitad de la vida, la belleza es menos apariencia superficial y más coherencia. Una mujer en paz consigo misma irradia una presencia distinta. No es performativa ni estratégica. Es firme. Se siente.

Muchas mujeres describen que comienzan a vestirse diferente, no para atraer atención, sino para sentirse alineadas. Eligen comodidad sin disculpas. Expresión sin explicación. Movimiento sin exhibición.

Esto no es resignación.

Es encarnación.

La belleza se vuelve visible en la postura, en la voz, en la naturalidad. En cómo una mujer habita una habitación. En cómo escucha sin encogerse. En cómo permite que su cuerpo ocupe espacio sin negociar. La belleza deja de ser algo que alcanzar y se convierte en algo que habitar.

Esta redefinición puede incomodar a otros.

Una mujer que habla con claridad, ocupa espacio y deja de representar juventud desafía expectativas conocidas. Algunos pueden interpretarlo como arrogancia o desafío. No es ninguna de las dos cosas. Es integridad. La incomodidad que provoca no es su responsabilidad gestionar. Es una respuesta natural al cambio.

Envejecer sin disculpas en el exterior no se trata de visibilidad por sí misma. Se trata de congruencia. Cuando la verdad interior encuentra forma exterior, la vida se siente menos fragmentada. La voz, el cuerpo y la presencia se alinean.

Este capítulo afirma algo esencial: La voz no es agresión. La visibilidad no es vanidad. La belleza no es moneda. Son expresiones del ser. Y pertenecen a las mujeres en cada etapa de la vida.

Cuando las mujeres se permiten ser visibles sin disculpas, ofrecen algo que el mundo necesita profundamente: perspectiva moldeada por el tiempo, profundidad nacida de la experiencia y presencia sostenida por la auto-confianza.

Recuerdan que el crecimiento no termina con la juventud. Se profundiza.

Envejecer sin disculpas no es desafío.

Es llegada.

Preguntas de Reflexión

1. ¿Cómo ha cambiado tu voz con el tiempo y en qué momentos aprendiste a suavizarla o silenciarla?

2. ¿En qué espacios te sientes más visible y en cuáles eliges esconderte?

3. ¿Cómo defines hoy la belleza, separada de estándares culturales o juveniles?

4. ¿Qué miedos surgen cuando imaginas ser plenamente vista en esta etapa de tu vida?

5. ¿Cómo expresa tu cuerpo confianza, duda o alineación?

6. ¿Dónde podría la visibilidad sentirse nutritiva en lugar de agotadora?

7. ¿Qué significaría ocupar espacio sin disculpas, simplemente siendo tú misma?

CAPÍTULO 21:
LA SABIDURÍA DEL MOMENTO

"Todo tiene su tiempo, y todo lo que se quiere debajo del cielo tiene su hora".
– Eclesiastés 3:1

Lo que más me sorprendió no fue la tecnología. Fue el alivio. Cuando comencé a explorar la inteligencia artificial, esperaba sentirme rezagada. Abrumada. Quizás incluso irrelevante en un mundo que avanza más rápido que cualquier generación anterior a la mía.

En cambio, me sentí orientada. No hubo prisa. No hubo intento desesperado de ponerme al día. No hubo actuación de fluidez. Solo curiosidad.

Durante años creí que el momento adecuado era algo externo, que la oportunidad pertenecía a los jóvenes, a los rápidos, a los primeros en adoptar. Que si no entrabas al principio, llegabas demasiado tarde.

Pero mientras aprendía algo completamente nuevo, comprendí algo inesperado: no llegaba tarde. Estaba preparada.

Décadas de experiencia, reconocimiento de patrones, discernimiento y capacidad de síntesis me permitían acercarme a nuevas herramientas sin intimidación. No necesitaba demostrar dominio. No necesitaba imitar la juventud. Podía integrar lo útil y descartar lo superfluo.

No se trataba de tecnología. Se trataba de alineación.

Hay una sensación particular cuando algo llega en el momento correcto de tu vida.

No se siente frenético. No se siente competitivo. No exige reinventar tu identidad. Se siente como expansión. El cuerpo se suaviza en lugar de tensarse. La curiosidad surge en lugar de la comparación. La energía aumenta en vez de agotarse.

En otras etapas, quizás me habría lanzado a lo nuevo para mantener relevancia. O lo habría evitado por miedo a no ser suficiente. Esta vez simplemente entré. La diferencia no era competencia.

Era el momento.

La sabiduría del momento es la capacidad de reconocer cuándo ya no actúas desde la inseguridad o la necesidad de demostrar, sino desde la preparación. Hay oportunidades que te habrían abrumado hace diez años. Roles para los que no estabas madura hace cinco. Conversaciones que antes no habrías podido sostener sin ponerte a la defensiva. Y hay temporadas en que esperar no es procrastinación, sino gestación.

A menudo interpretamos la demora como fracaso. Pero a veces la demora es preparación. El momento correcto tiene una textura distinta.

No lo fuerzas. No lo persigues. Lo reconoces.

Aprender inteligencia artificial fue solo el catalizador que me reveló esta verdad: no estaba persiguiendo relevancia. Estaba participando en una evolución. No para competir, sino para contribuir.

La segunda mitad de la vida ofrece una ventaja única. Estás menos desesperada. Menos impresionable. Menos impulsada por la comparación.

Cuando algo nuevo aparece, puedes preguntar con calma: ¿Está alineado con quien soy ahora? Si la respuesta es sí, entras.

Si la respuesta es no, te retiras sin pánico. El momento adecuado no se trata de velocidad.

Se trata de coherencia. Y la coherencia tiene su propio reloj.

Cómo Reconocer tu Momento Adecuado

El momento correcto rara vez se anuncia con estruendo. No llega con fuegos artificiales. No exige acción inmediata. No genera pánico. De hecho, suele sentirse sorprendentemente sereno.

1. Tu cuerpo siente curiosidad, no contracción

Cuando algo no está en su momento, el cuerpo se tensa. La respiración se acorta. Hay presión por decidir rápido.

Cuando el momento es correcto, la curiosidad reemplaza la tensión. Te inclinas hacia adelante en lugar de prepararte para defenderte. La idea te energiza en vez de agotarte.

2. No intentas demostrar nada

Si persigues algo para huir de la irrelevancia, impresionar a alguien o compensar inseguridad, el impulso puede ser reactivo.

Cuando el momento es sabio, no estás demostrando. Estás expandiéndote.

3. La decisión se siente limpia

El momento adecuado trae una simplicidad interna. Incluso si el camino es desafiante, el sí no necesita justificación elaborada.

Puede haber riesgo, pero no caos.

4. Puedes alejarte sin derrumbarte

Si la oportunidad desapareciera mañana y te sintieras devastada o disminuida, quizás estés fusionando identidad con ella. Cuando el momento es sabio, eliges libremente. Si se concreta, bien. Si no, sigues íntegra.

5. Se construye sobre quien ya eres

El momento correcto no exige convertirte en alguien totalmente diferente. Se apoya en tu experiencia vivida. Integra tu pasado en lugar de negarlo.

La sabiduría del momento no es predicción. Es sintonía.

No persigues el momento.

Lo reconoces.

Cómo el Envejecimiento Afina el Instinto del Momento

La juventud suele equiparar velocidad con relevancia. Moverse rápido. Decidir temprano. Entrar primero. No quedarse fuera. Esa energía tiene su función. Pero la madurez introduce algo más poderoso que la velocidad: discernimiento.

Con la edad llega el reconocimiento de patrones. Has visto ciclos surgir y desvanecerse. Sabes que la urgencia muchas veces es fabricada. Comprendes que no toda puerta abierta debe cruzarse.

El tiempo enseña ritmo.

Antes quizás habría aceptado nuevas oportunidades por miedo a quedarme atrás. Ahora algo más estable guía mis decisiones. Puedo sentir cuándo algo se alinea con mi trayectoria profunda. Puedo tolerar la espera sin interpretarla como fracaso.

Envejecer afina el instinto del momento porque reduce el pánico. Estás menos seducida por la comparación. Menos amenazada por el impulso ajeno. Menos dependiente del aplauso. Sabes que existen estaciones. Las has vivido.

La sabiduría del momento no es hacer menos.Es hacer lo que es tuyo, cuando realmente es tuyo hacerlo.

Esperar también es acción.

Una mujer se encontró ante una oportunidad que prometía reconocimiento. En el papel parecía perfecta. Pero su cuerpo no estaba de acuerdo.

No sentía miedo. Sentía pesadez.

Casi dijo que sí. Lo que la detuvo no fue claridad absoluta, sino la incomodidad de forzarlo. Esperó. Fue difícil. Se cuestionó. Vio a otros avanzar y dudó de sí misma.

Con el tiempo surgió nueva información. La oportunidad cambió. Y sobre todo, su claridad se afinó. Comprendió que no quería el rol. Quería lo que imaginaba que ese rol le daría.

Cuando finalmente dijo no, sintió alivio. No solo alivio de presión, sino alivio por haber evitado traicionarse.

Eso también es sabiduría del momento.

Y a veces el momento es ahora.

Otra mujer, Ruth, postergaba aprender inteligencia artificial. Decía que lo haría "más adelante". Pero en lugar de calma, sentía tensión.

No era que el momento no hubiera llegado. Era que estaba resistiéndolo.

Comenzó despacio. Sin urgencia. Sin necesidad de maestría. Tomó un taller introductorio. Probó herramientas simples. Experimentó.

Descubrió que la inteligencia artificial no reemplazaba su juicio. Lo ampliaba.

Aquí el momento adecuado no era esperar. Era entrar con curiosidad.

Esperar es sabio cuando protege la alineación.Actuar es sabio cuando evita la erosión.

El cuerpo suele saberlo antes que la mente. La pesadez indica desalineación. La inquietud puede indicar preparación. La anticipación puede señalar llegada.

No son garantías. Son guía.

En la segunda mitad de la vida, la urgencia disminuye porque el discernimiento aumenta. Hay menos apetito por forzar resultados y más capacidad para permitir que la vida encuentre un punto medio.

La sabiduría del momento no promete certeza. Ofrece coherencia. Aprender a confiar en el momento es aprender a confiar en ti misma. A veces la sabiduría dice *todavía no*. A veces dice *ahora*. A veces dice *ya no*.

Y cuando esa diferencia se siente en el cuerpo, se convierte en una de las guías más confiables que una mujer puede tener, no solo para actuar, sino para vivir en paz.

Preguntas de Reflexión

1. ¿Cómo ha cambiado tu relación con el tiempo y el momento adecuado a lo largo de tu vida?

2. ¿Dónde has actuado demasiado rápido y dónde has esperado demasiado?

3. ¿Qué señales corporales distinguen en ti la espera sabia de la acción necesaria?

4. ¿Dónde aprender algo nuevo ahora —como la inteligencia artificial— podría fortalecer tu independencia y claridad?

5. ¿Cómo distingues entre una duda basada en el miedo y una pausa basada en discernimiento?

6. ¿Qué estás sosteniendo más allá de su estación natural?

7. ¿Qué significaría confiar en el momento adecuado como una expresión de confianza en ti misma y no como demora?

CAPÍTULO 22:
VIVIR CON LO SUFICIENTE

"Lo suficiente es un banquete".
– Proverbio budista

No hacía falta revisar los números. Yo lo sabía. Las cuentas estaban estables. Las inversiones diversificadas. Las reservas eran más que adecuadas para la etapa de vida en la que me encontraba. Y, sin embargo, a altas horas de la noche, abría la aplicación del banco de todos modos.

Solo para mirar. Deslizaba la pantalla por los saldos. Revisaba transacciones recientes. Verificaba transferencias que ya habían sido confirmadas. Hacía cálculos mentales silenciosos que ya había hecho decenas de veces.

Nada había cambiado. Aun así, sentía un destello de alivio cuando la pantalla reflejaba lo que ya sabía: estamos bien. El alivio duraba minutos.

Luego regresaba la tensión sutil. El pensamiento de escasez no siempre proviene de una falta real. A veces proviene de la memoria. De las primeras temporadas de construir, estirar, negociar, calcular cada decisión con cuidado. De décadas de responsabilidad. De saber lo que cuesta crear seguridad y temer, aunque sea de manera irracional, lo rápido que podría desaparecer.

Me decía que estaba siendo prudente. Responsable. Estratégica. Pero si soy honesta, esa revisión nocturna no era estrategia. Era ansiedad disfrazada de vigilancia.

El mismo patrón aparecía en otros lugares. Decía que sí a proyectos que no necesitaba. Me unía a juntas para las que no tenía tiempo. Llenaba espacios del calendario rápidamente, como si las horas vacías pudieran evaporarse si las dejaba sin reclamar.

Acumulaba compromisos como algunas personas acumulan objetos: no por codicia, sino por miedo a quedarme sin.

Sin relevancia.Sin oportunidad.Sin propósito.

Es notable lo fácil que una mujer que ya ha logrado "lo suficiente" puede seguir viviendo como si estuviera a una decisión de la insuficiencia. La escasez no es solo financiera. Es psicológica.

Recuerdo una tarde en particular en la que estaba evaluando una oportunidad de inversión que, objetivamente, no necesitaba. El rendimiento era modesto. El riesgo, manejable. Era una decisión razonable.

Pero la urgencia que sentí era desproporcionada. "Si no me muevo ahora, lo voy a perder", pensé.

¿Perder qué?

¿Seguridad que ya tenía?

¿Validación por mantenerme activa?

¿La comodidad del movimiento?

Me detuve. Y en esa pausa reconocí algo incómodo: no estaba invirtiendo desde la abundancia. Estaba reaccionando desde el hábito. Durante décadas, avanzar equivalía a seguridad. Crecer equivalía a protección. Acumular equivalía a control.

Pero en esta temporada, los números no eran el problema. Mi postura interna sí. Vivir con lo suficiente requiere más valentía que esforzarse por más. Porque lo suficiente elimina la distracción de la persecución. Te obliga a enfrentar la pregunta más profunda:

Si ya estoy segura, ¿quién soy sin urgencia?

El pensamiento de escasez susurra que debes seguir, seguir adquiriendo, seguir demostrando, seguir diciendo que sí, porque detenerte te vuelve vulnerable.

¿Y si detenerte te devuelve claridad?

Esa noche, en lugar de hacer la inversión de inmediato, cerré la computadora. No decidí desde la presión. Decidí esperar. Esperar se sintió casi rebelde. Y en ese pequeño acto de contención, algo cambió.

Lo suficiente no es un número. Es una postura.

Es la decisión de creer que lo que tienes —financieramente, relacionalmente, experiencialmente— no necesita refuerzo constante para seguir siendo válido. Vivir con lo suficiente no significa retirarse del crecimiento. Significa negarse a operar desde el miedo cuando el miedo ya no es necesario. La escasez que una vez alimentó la supervivencia puede sobrevivir silenciosamente a su utilidad. Y si no la examinas, seguirá dirigiendo tu vida mucho después de que la hayas superado.

Durante gran parte de la vida, lo suficiente parece siempre fuera de alcance. Siempre hay otro hito que alcanzar, otra mejora que hacer, otra expectativa esperando justo más allá del horizonte. La satisfacción se vuelve condicional. Aparece brevemente y se desvanece cuando surge el siguiente objetivo. El deseo se moldea por comparación y el valor se mide contra metas móviles. Lo suficiente se experimenta, si acaso, por instantes antes de que regrese la urgencia.

En la segunda mitad de la vida, muchas mujeres cuestionan esta orientación. Notan lo rápido que los logros pierden impacto, cómo el esfuerzo se expande para llenar cualquier espacio disponible, cómo la escasez persiste incluso en presencia de abundancia. Esta conciencia no llega como reproche. Llega como fatiga. Un saber profundo, encarnado, de que algo esencial ha sido postergado demasiado tiempo.

Vivir con lo suficiente no es conformarse, ni resignarse, ni bajar estándares. Es reconocer la suficiencia cuando está presente y permitir que se registre. Es un cambio de atención más que de circunstancias: la disposición de dejar que lo que ya está aquí cuente.

La escasez a menudo se internaliza mucho antes de hacerse material. Muchas mujeres cargan un sentido de fondo constante de que no hay suficiente tiempo, suficiente seguridad, suficiente aprecio, suficiente margen. Esa postura alimenta la responsabilidad, la vigilancia y la resistencia. También erosiona la facilidad. Incluso cuando las necesidades externas están cubiertas, la postura interna sigue tensa, buscando qué podría salir mal o qué aún falta arreglar.

La suficiencia comienza por dentro. Surge cuando una mujer se detiene lo suficiente como para reconocer lo que es estable, lo que sostiene, lo que apoya, sin buscar de inmediato lo que falta. Ese reconocimiento puede sentirse extraño, incluso incómodo. La escasez tiene inercia: mantiene al sistema nervioso en alerta. Lo suficiente invita descanso.

Una mujer describió darse cuenta de que había vivido como si algo esencial estuviera siempre un paso más allá. Cuando se detuvo y nombró lo que ya era firme en su vida —sus relaciones, sus recursos, su capacidad— sintió una mezcla sorprendente de alivio y duelo. Alivio al reconocer lo que la había sostenido todo el tiempo. Duelo por cuánto había vivido sin permitirse sentir esa firmeza bajo sus pies.

Vivir con lo suficiente no elimina el deseo. Lo transforma. El deseo se vuelve menos frenético y más discerniente. En lugar de extenderse indiscriminadamente, aclara lo que importa. Esa claridad reduce el esfuerzo excesivo y aumenta la satisfacción. Querer se vuelve intencional, no compensatorio.

La suficiencia también transforma la relación con la acumulación. Muchas mujeres descubren que quieren menos cosas, menos compromisos, menos obligaciones. Esto no es retirarse de la vida. Es refinamiento. La energía ya no se dispersa; se reúne. La atención se enfoca. Las decisiones se sienten más limpias.

Hay valentía en afirmar "lo suficiente". En una cultura que equipara más con éxito, lo suficiente puede interpretarse como complacencia. Sin embargo, se necesita fuerza para dejar de esforzarse cuando esforzarse ya no es necesario. Se necesita confianza para creer que el valor no disminuye cuando la acumulación se desacelera. Reclamar lo suficiente no es rendirse. Es llegar.

Lo suficiente también cambia la forma en que las mujeres se relacionan con otras personas. La comparación pierde fuerza. La competencia se suaviza. La generosidad aumenta. Cuando una mujer ya no opera desde la escasez, no necesita medirse contra otros para sentirse legítima. Puede apreciar la diferencia sin amenaza y el éxito ajeno sin envidia.

Este capítulo no es un argumento contra la ambición o el crecimiento. Es una invitación a permitir que el crecimiento surja de la plenitud, no de la carencia. Cuando se reconoce lo suficiente, el crecimiento se vuelve orgánico en lugar de compulsivo. La expansión nace de la curiosidad y la alineación, no del miedo a quedarse atrás.

Muchas mujeres descubren que vivir con lo suficiente no encoge la vida. La expande. El tiempo se siente más espacioso. Las relaciones se sienten menos transaccionales. La alegría se vuelve más accesible porque ya no se pospone hasta que todo esté resuelto o perfeccionado.

La suficiencia también ofrece resiliencia. Cuando la vida inevitablemente cambia, cuando llegan pérdidas, cuando los recursos fluctúan, el ancla interna de "lo suficiente" permanece. Ofrece una estabilidad que no depende del refuerzo constante. Lo suficiente se convierte en un punto de referencia, no en una recompensa.

Vivir con lo suficiente no significa que todo esté resuelto. Significa que lo no resuelto ya no domina la atención. Permite vivir en proporción: responder a los desafíos sin perder de vista lo que es estable y sostenedor.

Lo suficiente no es un destino. Es una práctica. Requiere regresar una y otra vez al momento presente y hacer una pregunta simple: ¿qué hay aquí ahora que me sostiene? Con el tiempo, esta pregunta se vuelve más fácil de responder. El sistema nervioso se relaja. La gratitud se vuelve menos forzada. La presencia se profundiza.

En la segunda mitad de la vida, vivir con lo suficiente es un acto de sabiduría. Honra el esfuerzo sin estar poseída por él. Permite gratitud sin negación. Crea espacio para una alegría que no necesita justificarse ni ganarse.

Lo suficiente no es la ausencia de deseo.Es la presencia de suficiencia.

Preguntas de Reflexión

1. ¿En qué áreas de tu vida sigues operando desde la escasez en lugar de la suficiencia?

2. ¿Cómo se siente "lo suficiente" en tu cuerpo cuando te permites experimentarlo?

3. ¿Cómo ha moldeado la comparación tu sentido de satisfacción a lo largo del tiempo?

4. ¿Qué se vuelve posible cuando dejas de posponer el contentamiento?

5. ¿Dónde podría sentirse arriesgado, desconocido o no merecido afirmar "lo suficiente"?

6. ¿Cómo cambia tu relación con el deseo y la ambición cuando reconoces la suficiencia?

7. ¿Qué significaría confiar en que lo que tienes ahora es suficiente para comenzar desde ahí?

CAPÍTULO 23:
MENTORÍA SIN CONTROL

"La tarea del adulto maduro es sostener la autoridad sin insistir en la obediencia".
– Parker Palmer

Durante más de diez años dirigí la organización. No era solo un título. Era historia. Relaciones. Memoria institucional. Dinámicas con donantes. Matices políticos. Alianzas silenciosas que habían tardado años en construirse. Sabía qué conversaciones requerían delicadeza. Qué miembros de la junta necesitaban preparación previa. Qué tradiciones importaban más de lo que parecían.

Cuando llegó el momento de la transición, no me aparté con ligereza. La elegí cuidadosamente.

Era inteligente, capaz, ambiciosa de la manera correcta. Tenía una energía que reconocía, la misma que yo llevaba en otras etapas de mi vida. Creía en ella.

El proceso de mentoría duró más de un año. Nos reuníamos con regularidad; la guié a través de la misión y la visión de nuestra organización sin fines de lucro, no solo en los programas, sino en las personalidades que los sostenían. Compartí errores del pasado. Expliqué tensiones que no estaban documentadas en ningún archivo. La presenté personalmente a los actores clave para que las relaciones fueran relacionales, no simplemente procedimentales.

La incluí en reuniones donde intencionalmente la dejé hablar primero. Cuando los miembros de la junta me miraban en busca de confirmación, los redirigía con suavidad. "Ahora ella está liderando esto", decía. No era simbólico. Era estratégico. Quería que sintiera autoridad antes de que yo saliera.

Los últimos meses requirieron disciplina. Resistía el impulso de corregir decisiones menores. Le permití manejar pequeños errores sin intervenir para suavizarlos. Comprendía que la confianza en el liderazgo no se hereda; se gana a través de la experiencia.

La transición oficial fue elegante. Una reunión de despedida. Palabras amables. Una entrega formal. Me fui creyendo que la relación evolucionaría hacia la colegialidad.

Tal vez llamadas ocasionales. Reflexiones compartidas. Respeto mutuo a través de las estaciones.

En cambio, hubo silencio.

Al principio me dije que estaba ocupada. Los primeros meses de liderazgo consumen. Hay crisis que gestionar. Visibilidad que establecer.

Pasaron semanas. Luego meses. Ninguna actualización. Ninguna nota de agradecimiento más allá de los comentarios públicos. Ningún reconocimiento privado de lo que había sido transferido. Noté la ausencia antes de nombrarla.

Escuchaba sobre desarrollos organizacionales a través de otros. Decisiones tomadas. Direcciones elegidas. Mi nombre fue desapareciendo gradualmente de los hilos de comunicación.

Era apropiado. También fue desconcertante.

El silencio duró más de lo que esperaba, casi un año antes de cualquier acercamiento personal, y aun entonces fue breve, profesional, contenido.

No hubo hostilidad. Solo distancia. Y, si soy honesta, dolió. No porque necesitara elogios. Sino porque había imaginado continuidad.

Había vertido conocimiento, acceso, credibilidad y cuidado en su preparación. Me había apartado deliberadamente para que ella pudiera ocupar plenamente su lugar. Había renunciado al control sin sabotaje.

Y a cambio hubo... ausencia.

Este es el riesgo no hablado de la mentoría. Das sin retorno contractual. Preparas a alguien para que te supere. Inviertes en su autoridad sabiendo que, una vez que la reclame, puede no regresar.

En los primeros meses de silencio sentí el tirón sutil del ego.

¿Importé? ¿Fue apreciado el trabajo? ¿Fui ingenua al esperar reconocimiento?

Pero gradualmente surgió algo más estable. La había acompañado para que liderara, no para que permaneciera conectada a mí. Autoridad sin control significa soltar no solo el rol, sino también el resultado. Significa aceptar que tu influencia puede no ser nombrada públicamente. Significa confiar en que lo que transferiste aparecerá de maneras que quizá nunca presencies.

El silencio no era necesariamente rechazo. Era diferenciación. Ella necesitaba establecer su liderazgo sin orbitar alrededor del mío. Y la madurez exigía que yo no interpretara su autonomía como ingratitud.

La mentoría sin control no es sentimental. Es disciplinada. Das plenamente. Te retiras por completo. Y no exiges lealtad como retribución.

Eso es más difícil de lo que parece.

Pero es la diferencia entre guía y posesión.

Durante un tiempo me pregunté qué significaba todo aquello.

¿Estaba simplemente abrumada por la responsabilidad?

¿La gratitud estaba pospuesta o no expresada?

¿Había algo no dicho presionando en silencio bajo la superficie?

Con el tiempo comprendí que esas preguntas ya no eran útiles.

La mentoría no es un contrato. Es una ofrenda.

Cualesquiera que fueran sus razones, sé esto: hice lo mejor que pude. Me presenté con integridad. Di lo que tenía para dar. Y eso es suficiente.

La satisfacción no vino del reconocimiento ni del retorno. Vino de saber que había marcado una diferencia en la vida de otra alma. Haber acompañado a alguien con intención, plenitud y sin expectativa fue completo en sí mismo.

Así comienza con frecuencia la mentoría en la segunda mitad de la vida. En esta etapa, la influencia llega aunque no se busque. La experiencia se acumula en silencio. La perspectiva se profundiza a través de lo vivido más que de lo ambicionado. Otros lo notan. Mujeres más jóvenes buscan no solo respuestas, sino ejemplos.

Con esta influencia surge una tensión sutil.

¿Cómo ofrecer guía sin excederse?

¿Cómo compartir sabiduría sin imponerla?

¿Cómo permanecer relevante sin aferrarse a la autoridad?

La mentoría sin control comienza con la contención.

En etapas anteriores, la influencia suele estar ligada a la responsabilidad. Las decisiones se sienten urgentes. Los resultados importan. La dirección parece necesaria. Muchas mujeres han pasado décadas gestionando consecuencias, allanando caminos y protegiendo a otros del error. Estos hábitos son comprensibles. A menudo son elogiados. Pero no se disuelven automáticamente cuando las circunstancias cambian. El control puede persistir mucho después de dejar de ser útil.

En esta etapa, la mentoría pasa de dirigir a presenciar. El objetivo ya no es moldear resultados, sino apoyar el discernimiento. Esto requiere confianza: tanto en la capacidad del otro para aprender como en la propia capacidad para dar un paso atrás sin desaparecer.

Soltar el control no significa retener la sabiduría. Significa ofrecer perspectiva sin apego a si será tomada o no. El consejo se convierte en invitación, no en prescripción. La sabiduría se comparte sin urgencia. El rol del mentor no es convencer, sino iluminar.

En teoría suena elegante. En la práctica puede ser costoso.

La contención no siempre es recompensada con aprecio, continuidad o lealtad. A veces la mentoría termina en silencio. A veces pide al mentor que suelte no solo la autoridad, sino también el reconocimiento. Esto no disminuye el valor de lo dado. Lo clarifica.

Muchas mujeres sienten incomodidad al ver a otros tomar decisiones que ellas no tomarían. Esa incomodidad es instructiva. A menudo revela dónde el control ha sido confundido con cuidado. La verdadera mentoría permite la diferencia. Honra el aprendizaje que surge de la experiencia vivida más que de la protección. El crecimiento que se gana tiene una autoridad distinta.

Esto no significa tolerar daño ni abandonar límites. Hay momentos en que la intervención es necesaria. Pero muchas situaciones habitan el espacio gris entre responsabilidad y autonomía, donde la contención se siente arriesgada precisamente porque nace del amor.

La mentoría sin control requiere humildad. Reconoce que el propio camino, aunque instructivo, no es universal. El contexto importa. El temperamento importa. Los deseos de cada mujer importan. Cuando las mujeres liberan la esperanza inconsciente de que otros validen sus elecciones replicándolas, la mentoría se vuelve más amplia y más honesta.

También hay alivio en este cambio.

Cargar con la responsabilidad de los resultados ajenos es agotador. Cuando el control se suelta, las relaciones se suavizan. La confianza se profundiza. La influencia se vuelve más silenciosa y más duradera.

Una mujer describió cómo su relación con su hija adulta cambió cuando dejó de ofrecer soluciones a menos que se las pidieran. Las conversaciones se volvieron menos defensivas. Su hija compartía con mayor apertura. La guía surgía de manera natural en lugar de ser resistida. El vínculo se fortaleció no a través de la instrucción, sino del respeto.

Otra notó cómo colegas más jóvenes respondían cuando la retroalimentación se formulaba como reflexión en lugar de directiva. En lugar de cumplimiento, recibió compromiso. En lugar de distancia, experimentó respeto genuino. La autoridad sostenida con ligereza resultó más poderosa que la autoridad impuesta.

La mentoría sin control reconoce que el crecimiento no es lineal. Las personas deben encontrarse con sus límites. Deben probar fronteras. Deben cometer errores y aprender de ellos. El rol del mentor no es prevenir ese proceso, sino permanecer disponible sin juicio.

Este capítulo también habla de legado. La contribución suele cambiar de construir a transmitir. Lo que se transmite no es solo conocimiento, sino postura. Cómo se sostiene el poder enseña más que lo que se dice.

Cuando las mujeres modelan límites, confianza en sí mismas y contención, enseñan estas cualidades implícitamente. Cuando resisten el impulso de gestionar la vida de otros, demuestran confianza en el despliegue mismo de la vida. Esa confianza es profundamente tranquilizadora para quienes aún están encontrando su camino.

La mentoría sin control no disminuye la relevancia. La profundiza.

La influencia que no se fuerza tiene más probabilidades de perdurar. La sabiduría ofrecida libremente tiene más probabilidades de ser recibida. Y la contribución dada sin expectativa está completa en el momento en que se ofrece.

El mayor regalo que muchas mujeres ofrecen no es dirección, sino firmeza. No respuestas, sino perspectiva. No control, sino confianza.

Esta es una mentoría enraizada en la madurez. Honra la autonomía mientras permanece conectada. Permite que otros crezcan sin supervisión constante. Y pide al mentor encontrar satisfacción no en los resultados ni en la gratitud, sino en el conocimiento silencioso de que una vida fue tocada.

Y eso, por sí solo, es alineación.

Preguntas de Reflexión

1. ¿Cuándo has ofrecido guía sin recibir reconocimiento, y qué significado le diste a esa experiencia?

2. ¿En qué áreas de tu vida aún te sientes responsable de los resultados de otros?

3. ¿Dónde se ha confundido el control con el cuidado en tus relaciones?

4. ¿Qué sabiduría llevas que puede ofrecerse libremente, sin apego a cómo será utilizada?

5. ¿Dónde podría la contención profundizar la confianza en lugar de disminuir tu influencia?

6. ¿Cómo permaneces presente cuando no puedes resolver las decisiones de otra persona?

7. ¿Cómo sería la mentoría si hacer una diferencia —más que ser recordada— fuera suficiente?

CAPÍTULO 24:
LO FEMENINO COMO ESTABILIZADOR

"Lo femenino no se apresura; aquieta y sostiene".
– Maria L. Ellis

En tiempos de aceleración, inestabilidad y fragmentación, la restauración rara vez llega a través de más fuerza. Llega a través del **sostén**. Del ritmo. De la presencia. Lo femenino, no como género, sino como orientación, porta estas cualidades de manera natural. No está limitado a las mujeres ni les pertenece. Es una forma de relacionarse: atenta, integradora, receptiva, disponible para cualquiera que esté dispuesto a encarnarla.

Cuando se encarna en lugar de idealizarse, se convierte en una de las fuerzas más estabilizadoras disponibles para familias, organizaciones y culturas bajo tensión.

Gran parte de la vida moderna ha sido moldeada por la velocidad. Se recompensa la producción. Se normaliza la urgencia. Se valora la decisión rápida por encima del discernimiento. Muchas mujeres aprendieron a sobrevivir y a tener éxito en estos sistemas adaptándose a sus valores. Desarrollaron fortaleza a través del aguante, la capacidad de respuesta y el control. Estas capacidades fueron necesarias. También fueron incompletas.

Los sistemas optimizados únicamente para la eficiencia terminan perdiendo resiliencia.

Cuando el ritmo supera la integración, la inestabilidad crece en silencio bajo la superficie. Aumenta el agotamiento. Las relaciones se adelgazan. La toma de decisiones se vuelve reactiva. Lo que falta no es competencia, sino **coherencia**.

Lo femenino ofrece un tipo distinto de inteligencia.

Presta atención al contexto más que a la abstracción.

Percibe el impacto más que la intención.

Valora la continuidad por encima de la conquista.

La sostenibilidad por encima de la velocidad.

Esta inteligencia no es "suave". Es integradora. Puede sostener la complejidad sin colapsar dentro de ella. Estabiliza no dominando la incertidumbre, sino permaneciendo presente en medio de ella.

A lo largo de este libro hemos explorado cómo las mujeres recuperan descanso, deseo, tiempo, suficiencia, autoridad y confianza en el cuerpo. No son indulgencias personales. Son contribuciones estabilizadoras. Un sistema nervioso regulado afecta a todos los que están dentro de su campo. Una mujer que habita el tiempo de otra manera reduce la urgencia a su alrededor. Una líder que acompaña sin controlar crea confianza en lugar de obediencia.

La estabilidad no surge por instrucción, sino por encarnación. Reconecta lo que se separó: cuerpo y mente, esfuerzo y sentido, poder y cuidado. No es un trabajo sentimental. Es estructural. Cambia la forma en que funcionan los sistemas simplemente cambiando la calidad de presencia dentro de ellos.

Una mujer describió cómo cambió su liderazgo cuando dejó de forzar resultados y empezó a atender la dinámica relacional. Notó cuán rápido las reuniones pasaban por encima de tensiones no resueltas. En lugar de empujar decisiones, desaceleró el proceso lo suficiente como para que apareciera la escucha. Las reuniones se alargaron un poco. Las conversaciones se profundizaron. La resistencia se suavizó. Las decisiones mejoraron. El agotamiento disminuyó. No estaba haciendo menos. Estaba estabilizando el sistema.

Otra notó cómo cambió su familia cuando dejó de gestionar las emociones de todos. Ya no anticipaba conflictos ni absorbía tensión de manera preventiva. Se reguló a sí misma. Al principio surgió incomodidad. Luego la responsabilidad se redistribuyó. Otros dieron un paso al frente. La estabilidad apareció no por control, sino por coherencia.

Pero la fuerza estabilizadora de lo femenino no se limita a los hogares o a los equipos. En los primeros meses de la pandemia de COVID-19 en 2020, las agencias de salud pública de todo el mundo enfrentaron una presión extraordinaria. Los datos cambiaban a diario. Los modelos de contagio se revisaban repetidamente. Los hospitales se llenaban. La ciudadanía miraba a los líderes buscando claridad mientras los científicos todavía aprendían en tiempo real.

En una agencia nacional de salud pública, como en muchas otras, las conferencias de prensa diarias se convirtieron en el escenario central de la gestión de crisis. La presión era inmensa.

Los medios exigían certeza. Los políticos exigían soluciones. El público exigía tranquilidad. Los epidemiólogos revisaban proyecciones a medida que surgía nueva información. Las recomendaciones sobre mascarillas, cierres de escuelas y reuniones públicas evolucionaban semana a semana.

En la fase inicial, el liderazgo respondió con rapidez y autoridad. Se emitieron directrices velozmente para proyectar control sobre la incertidumbre. La comunicación se volvió cada vez más declarativa: firme, decidida, a veces defensiva.

La intención era estabilidad. El efecto, en ocasiones, fue fragmentación. Cuando las políticas cambiaban —como inevitablemente debían cambiar— se erosionaba la confianza.

Cuando la comunicación sonaba endurecida en lugar de humana, el miedo aumentaba. Cuando la complejidad se reducía demasiado pronto a certezas, las revisiones posteriores parecían "rectificaciones" más que refinamientos.

La velocidad sin un anclaje relacional amplifica la ansiedad.

Meses después, cuando en ciertas instituciones cambiaron las dinámicas de liderazgo, surgió otro tono. El cambio no fue dramático ni teatral. Fue sutil, pero perceptible.

Las conferencias de prensa se desaceleraron. Aparecieron con más frecuencia frases como: "Esto es lo que sabemos hoy" y "Seguimos aprendiendo". El lenguaje reconocía la incertidumbre en lugar de negarla. Se permitió a los expertos explicar matices en vez de comprimir conclusiones en frases breves.

La postura se suavizó sin volverse débil. El efecto estabilizador no vino de controlar la crisis. Vino de **contenerla**. Lo femenino como fuerza estabilizadora no elimina el caos. Lo metaboliza. Crea seguridad psicológica no fingiendo certeza, sino sosteniendo la complejidad sin pánico. Tolera la ambigüedad el tiempo suficiente para que la verdad madure. Resiste el reflejo de prometer de más para parecer fuerte.

En tiempos de crisis institucional, esta energía suele malinterpretarse. Puede parecer más lenta. Puede sonar menos absoluta. Puede frustrar a quienes anhelan claridad inmediata. Pero la firmeza no es lo mismo que la lentitud. Y reconocer incertidumbre no es debilidad.

Lo femenino estabilizador, a nivel cultural, hace tres cosas esenciales:

1. **Regula el tono antes de emitir directrices.**

2. **Prioriza la confianza relacional junto con la precisión factual.**

3. **Comunica la evolución como aprendizaje, no como reversión.**

Esto no trata de género. Trata de energía.

Los hombres encarnan esta fuerza estabilizadora. Las mujeres también. Las instituciones pueden cultivarla o suprimirla. En crisis, el liderazgo de mando y control puede producir orden a corto plazo. Pero la cohesión a largo plazo requiere algo más profundo: la capacidad de permanecer enraizado mientras el entorno se desestabiliza.

Lo vimos no solo en agencias nacionales, sino también en hospitales, distritos escolares y gobiernos locales. Los líderes que admitían lo que no sabían, mientras permanecían presentes y receptivos, a menudo generaban más confianza que quienes proyectaban certeza prematuramente. Lo femenino como estabilizador no busca dominar la tormenta. Busca sostener a quienes están dentro de ella.

En la segunda mitad de la vida, muchas mujeres descubren esta cualidad dentro de sí con mayor conciencia. Ya no se apresuran para parecer decididas. Dejan que la complejidad respire. Sostienen autoridad sin subir el volumen.

Lo que se vio durante esa crisis global no fue solo política en movimiento. Fue el temperamento del liderazgo bajo presión. Y el temperamento, más que la velocidad, determina si un sistema se fragmenta o se cohesiona.

Cuando cambió el liderazgo, cambió el enfoque. La nueva líder no prometió certeza. No aceleró la toma de decisiones para parecer decisiva. En cambio, desaceleró la comunicación, habló con cuidado y nombró la incertidumbre sin dramatizarla. Priorizó la consistencia sobre la novedad, la coordinación sobre la reacción y la transparencia sobre la tranquilización. La información se compartió con ritmo, no en ráfagas. La escucha precedió a la política. La presencia reemplazó la postura.

La ansiedad pública disminuyó, no porque la crisis se resolviera, sino porque el sistema se sintió sostenido. La confianza se estabilizó no por fuerza, sino por contención. Esta es la energía femenina operando a escala cultural.

Lo femenino estabiliza sosteniendo espacio en lugar de llenarlo. Permite la tensión sin apresurarse a resolverla. Confía en el proceso. Reconoce que no todos los problemas requieren acción inmediata. Algunos requieren atención, paciencia e integración.

Importa decirlo con claridad: lo femenino no pertenece exclusivamente a las mujeres. Es una capacidad humana. Sin embargo, las mujeres han sido con frecuencia sus principales portadoras, especialmente en sistemas que la descuidan. Durante gran parte de la historia, esta estabilización sucedió en silencio, sin reconocimiento.

En la segunda mitad de la vida, muchas mujeres dejan de compensar en silencio y comienzan a estabilizar de manera visible.

Esa visibilidad importa.

Cuando la inteligencia femenina permanece invisible, se subvalora. Cuando se encarna abiertamente, transforma normas. Legitima el ritmo, la escucha y el cuidado como fortalezas, no como desventajas. Cuestiona la suposición de que el liderazgo debe ser urgente para ser eficaz.

Culturalmente, esta orientación es cada vez más necesaria.

Los periodos de cambio rápido tensan los sistemas. Cuando la velocidad supera la integración, sobreviene el colapso. Lo femenino contrarresta este patrón insistiendo en encarnación, relación y ritmo. Restaura equilibrio donde predomina la fragmentación.

Este capítulo no es un llamado a que las mujeres carguen con más responsabilidad. Es un reconocimiento de lo que ocurre naturalmente cuando las mujeres viven alineadas. La estabilización emerge como subproducto de la coherencia. No exige sacrificio personal. Exige confianza en una misma.

La segunda mitad de la vida suele facilitar esa alineación. La performance se afloja. La autenticidad se fortalece. La presencia se profundiza. El resultado no es retirada, sino una forma distinta de contribución: una que estabiliza en lugar de acelerar.

Lo femenino estabilizador no domina. Enraíza.

No acelera. Aquieta y sostiene.

No fragmenta. Integra.

A medida que este libro se acerca a su conclusión, este capítulo amplía la mirada. Las transformaciones personales descritas aquí se expanden hacia afuera. Influyen en cómo las mujeres lideran, crían, se relacionan, acompañan, mentorean y participan en la cultura misma.

Y lo femenino —cuando es honrado, encarnado y visible— ofrece exactamente eso.

Preguntas de Reflexión

1. ¿Dónde has notado que tu presencia calma o estabiliza a otros de manera natural?

2. ¿De qué maneras has encarnado inteligencia femenina sin nombrarla ni reclamarla?

3. ¿En qué lugares los sistemas a tu alrededor se han beneficiado del ritmo, la escucha o la integración?

4. ¿Cómo distingues la estabilización del control en tu

vida?

5. ¿Dónde podría tu alineación vivida ser una contribución más allá de lo personal?

6. ¿Cómo cambia tu relación con el poder y la autoridad cuando honras lo femenino?

7. ¿Qué significaría valorar la firmeza y la serenidad como una forma de impacto?

CAPÍTULO 25:
DÓNDE COMIENZAS

"Empieza donde estás. Usa lo que tienes. Haz lo que puedas."
– Arthur Ashe

Muchas mujeres llegan al final de este libro sintiendo que algo se ha movido en su interior, mientras sus circunstancias externas permanecen intactas.

Ha llegado claridad. La vida no se ha detenido.

Las responsabilidades continúan. Las reuniones siguen en la agenda. Los familiares siguen llamando. La bandeja de entrada sigue llenándose.

Y entonces surge la pregunta, en voz baja: Si ahora veo con mayor claridad, ¿por dónde comienzo?

Permíteme hablarte de mi amiga Lila. Ella no dejó su trabajo. No terminó su matrimonio. No se mudó de ciudad ni hizo anuncios dramáticos.

Comenzó un martes.

La Primera Semana

Lila era socia en una pequeña firma. Dos hijos adultos. Una madre cuya salud requería atención periódica. Un matrimonio estable, aunque ligeramente cansado. Su calendario era denso y predecible.

Después de terminar este libro, no hizo una lista. Observó.

Esa primera semana comenzó a prestar atención a sus reacciones internas.

El miércoles, durante una reunión, se escuchó a sí misma aceptar liderar una nueva iniciativa antes de haber evaluado realmente su capacidad. Sintió el conocido ajuste en el pecho, el "sí" reflejo que la había servido durante años.

Esta vez, hizo una pausa.

"Déjenme revisar mis compromisos actuales antes de confirmar" dijo. La sala no se derrumbó. Esa noche volvió a casa inquieta. Parte de ella temía haber parecido menos capaz. Pero algo más firme susurró: *Has dicho la verdad.*

Ese fue su primer experimento. No rebeldía. Exactitud.

El Primer Mes

En las semanas siguientes, Lila no eliminó responsabilidades importantes.

Ajustó el ritmo. Agregó quince minutos de margen entre reuniones para poder terminar una antes de comenzar otra. Dejó de responder correos no urgentes después de las 8 p.m. Le dijo a su esposo, con suavidad, que ya no quería organizar todas las reuniones familiares en días festivos.

"No me estoy retirando" aclaró. "Me estoy recalibrando."

Él parpadeó, sorprendido. "Está bien" respondió lentamente. "¿Cómo sería eso?"

Esa pregunta cambió más que cualquier discusión habría podido cambiar. Por primera vez en años, describió lo que realmente deseaba: menos obligaciones performativas, reuniones más íntimas, tiempo para escribir en las mañanas antes de que la casa despertara.

Nada dramático cambió. Pero el resentimiento disminuyó. Las pequeñas contradicciones —donde su cumplimiento externo ocultaba resistencia interna— comenzaron a disolverse.

La Primera Estación

Tres meses después, la vida de Lila se veía prácticamente igual. Seguía trabajando. Seguía cuidando a su madre. Seguía asistiendo a eventos escolares y compromisos profesionales. Pero internamente habitaba su vida de otra manera.

Decía no sin disculparse cuando algo no estaba alineado. Permitía el silencio en las conversaciones en lugar de suavizar la incomodidad. Vestía de una manera que se sentía auténtica, no como creía que debía hacerlo.

Una tarde, su hija comentó, "Pareces más tranquila."

Lila sonrió. "Ya no estoy discutiendo tanto conmigo misma." Ese fue el verdadero cambio. Elegirte a ti misma rara vez comienza con restar cosas. Comienza reduciendo la auto-contradicción.

Empiezas notando dónde tus palabras y tu cuerpo no coinciden.Empiezas diciendo verdades pequeñas.Empiezas experimentando dentro de tu vida actual en lugar de esperar un escenario perfecto.

La primera semana puede traer incomodidad. El primer mes puede traer una recalibración sutil. La primera estación trae evidencia: nada catastrófico ocurre cuando dejas de sobre-funcionar. No comienzas con una salida. Comienzas con honestidad. Y la honestidad no requiere crisis. Requiere valentía, practicada en pequeñas dosis.

No necesitas desmantelar tu vida para vivirla con mayor plenitud.Solo necesitas dejar de traicionarte dentro de ella. Eso es suficiente para un comienzo.

Comenzar Dentro de una Vida Llena

Muchas mujeres posponen el cambio porque sus vidas se sienten demasiado llenas para albergarlo. Las carreras están activas. Las familias dependen de ellas. La salud requiere atención. Los compromisos financieros y relacionales son reales. La idea de que elegirse implica una resta radical puede parecer impráctica o incluso irresponsable.

No lo es.

Los cambios más sostenibles comienzan mientras la vida sigue llena. Así se prueba el discernimiento en condiciones reales, no ideales. Elegirte no requiere abandonar la responsabilidad. Requiere abandonar la auto-contradicción innecesaria: decir sí mientras el resentimiento crece, asentir hacia afuera mientras el desacuerdo aumenta en silencio por dentro.

La primera pregunta no es: ¿Qué debo cambiar? Es: ¿Dónde ya me estoy ignorando?

Las primeras señales suelen aparecer en momentos pequeños. El sí que pesa.La conversación que te deja agotada. La prisa que ya no te sirve.

Notar es el primer acto de elección.

La Primera Semana: Crear un Espacio

Durante la primera semana de elegirte con mayor conciencia, nada tiene que cambiar externamente. Esta semana trata de atención, no de acción.

Puedes comenzar observando cuándo tu cuerpo se tensa y cuándo se suaviza. Puedes notar qué obligaciones se sienten limpias y cuáles se sienten negociadas contra ti misma. Puedes prestar atención a cuántas veces te disculpas innecesariamente, explicas de más o te apresuras a cumplir expectativas antes de que se expresen.

No es una semana de decisiones. Es una semana de información.

Una mujer describió esta fase como simplemente hacer una pausa antes de responder. No cambió aún sus respuestas. Solo dejó de responder de inmediato. Esa pausa, por sí sola, alteró su sistema nervioso. Le recordó que tenía elección, incluso cuando finalmente elegía lo mismo.

El espacio no necesita ser grande para ser significativo. Necesita ser intencional.

El Primer Mes: Pequeños Experimentos

La segunda fase suele llegar como curiosidad. ¿Qué pasaría si hiciera esto de otra manera?

En lugar de cambios drásticos, este es un tiempo para experimentar. Los experimentos son poderosos porque reducen el miedo. Son temporales. Son informativos. No exigen permanencia.

Puedes experimentar diciendo no a una obligación no esencial. Puedes elegir una relación donde dejes de sobre-funcionar y observar qué sucede. Puedes proteger una mañana a la semana del ruido innecesario. Puedes descansar sin "merecerlo" primero y notar tu reacción interna.

La meta no es el éxito. Es la retroalimentación.

Algunos experimentos traerán alivio. Otros incomodidad. Ambos son valiosos. El alivio suele señalar alineación. La incomodidad suele indicar que un patrón antiguo está perdiendo fuerza.

Ninguno requiere interpretación inmediata.

En este mes, muchas mujeres descubren que no todo necesita decidirse ahora. La claridad surge a través de la experiencia vivida, no solo del análisis mental.

La Primera Estación: Permitir la Reorganización

Con el tiempo, algo más sutil comienza a ocurrir. La vida empieza a reorganizarse alrededor de tu estabilidad.

Cuando dejas de apresurarte, otros se ajustan. Cuando dejas de explicar de más, los límites se clarifican. Cuando dejas de absorber automáticamente la carga emocional, la responsabilidad se redistribuye. No sucede de inmediato, ni sin fricción. Pero ocurre con más frecuencia de la que muchas mujeres imaginan.

Esta estación suele incluir duelo. Duelo por lo que ya no encaja. Duelo por relaciones que no pueden ajustarse. Duelo por versiones de ti construidas para sobrevivir, no para sostenerse a largo plazo.

Ese duelo no significa que estés equivocada. Significa que algo real está cambiando.

Al mismo tiempo, surgen nuevos apoyos. Las conversaciones se profundizan. La energía regresa de maneras inesperadas. La vida se siente menos gestionada y más habitada.

No necesitas orquestar este proceso. Necesitas permanecer honesta dentro de él.

Cuándo No Actuar

Una de las lecciones más importantes es aprender cuándo no actuar.

No toda realización requiere ejecución inmediata. No toda verdad necesita anunciarse. A veces la elección más respetuosa contigo misma es esperar hasta que tu sistema nervioso esté lo suficientemente regulado como para moverte con claridad.

Esperar no es evasión cuando es consciente. Es integración.

Lo sabrás por cómo se siente tu cuerpo. La acción alineada se siente firme. La acción impulsada por presión se siente urgente y frágil. Confía en esa diferencia.

No Llegas Tarde

Muchas mujeres temen estar empezando demasiado tarde. Que el tiempo para cambiar ya pasó. Que elegirse ahora es indulgente o impráctico.

No lo es.

La segunda mitad de la vida no es un premio de consolación. Es una etapa de precisión. Menos ilusiones. Señales más claras. Mayor capacidad para la verdad. Lo que comienzas ahora no corrige el pasado. Refina cómo vives a partir de aquí.

No necesitas tener todo el camino trazado. Solo dar el siguiente paso alineado.

Este capítulo no es un manual de instrucciones. Es un recordatorio: no necesitas destruir tu vida para vivirla con mayor verdad.

Solo necesitas dejar de abandonarte en formas pequeñas y habituales.

Comienza ahí.

Preguntas de Reflexión

1. ¿Dónde en tu vida diaria tiendes a ignorar tus propias necesidades o señales?

2. ¿Qué pequeña pausa o límite podrías experimentar esta semana sin generar disrupción?

3. ¿Qué obligaciones son esenciales y cuáles mantienes principalmente por hábito o culpa?

4. ¿Qué te dice tu cuerpo cuando algo está alineado frente a cuando está forzado?

5. ¿Cómo sería un pequeño experimento reversible de elegirte este mes?

6. ¿Dónde podría servirte más esperar y escuchar que actuar de inmediato?

7. ¿Cómo se sentiría tu vida si confiaras en que el cambio puede desplegarse gradualmente en lugar de todo a la vez?

CAPÍTULO 26:
LA REVOLUCIÓN SILENCIOSA

"Algunas revoluciones llegan sin ruido. Aun así, lo cambian todo."
— Maria L. Ellis

Elena siempre había sido la persona confiable. Durante décadas, fue la mujer a quien otros llamaban cuando algo necesitaba estabilizarse. Presidía comités, organizaba reuniones, coordinaba recaudaciones de fondos, gestionaba la logística familiar, recordaba cumpleaños y anticipaba tensiones antes de que emergieran. Su competencia era admirada y su fiabilidad incuestionable. Llevaba la responsabilidad con tanta naturalidad que pocos se detenían a considerar cuánto peso sostenía.

Nada dramático marcó el inicio de su cambio. No hubo enfermedad, traición ni anuncio de reinvención. Su vida permanecía externamente estable. Lo que cambió fue sutil, casi imperceptible al principio.

Una tarde, durante una reunión, alguien sugirió que asumiera una nueva iniciativa porque, como dijeron, «Siempre eres tan buena para estas cosas». Durante años, su reflejo habría sido aceptar de inmediato. Decir sí había sido una forma de eficiencia y, quizás también, de identidad. Esta vez, sin embargo, hizo una pausa el tiempo suficiente para notar la conocida tensión en el pecho. En lugar de aceptar automáticamente, dijo con calma, "No creo que sea la persona adecuada para eso en este momento."

La sala se ajustó. Nadie discutió. Nadie objetó. Pero hubo una pequeña recalibración en el aire. Elena no ofreció explicaciones elaboradas ni disculpas. Simplemente permitió que su decisión se sostuviera por sí sola.

En las conversaciones, comenzó a permitir que el silencio existiera sin apresurarse a llenarlo. Donde antes habría suavizado pausas incómodas o aclarado cada ambigüedad, ahora esperaba. Escuchaba con mayor profundidad. Permitía que otros llevaran sus pensamientos hasta el final. Al principio, algunas personas parecían ligeramente desconcertadas por el cambio. Un colega le confesó más tarde que se preguntaba si estaba molesta por algo.

"No estoy molesta." respondió con serenidad. "Simplemente ya no me estoy apresurando."

En casa, el cambio continuó. Dejó de ofrecerse voluntariamente antes de que alguien lo pidiera. Ya no asumía la responsabilidad de organizar cada reunión festiva. Cuando sus hijos adultos llamaban con dilemas, escuchaba con atención, pero no ofrecía soluciones inmediatas. En lugar de absorber su ansiedad y convertirla en estrategia, hacía preguntas y confiaba en que ellos decidieran.

"Pareces diferente" observó uno de ellos.

"Estoy aprendiendo a ser" respondió con una sonrisa suave.

Elena comenzó a descansar sin disculparse. Rechazaba invitaciones cuando se sentía cansada sin inventar excusas elaboradas. Tomaba tardes para sí misma sin disfrazarlas de productividad. Leía sin hacer varias cosas a la vez. Caminaba sin contar pasos. Permitía que su energía guiara sus decisiones en lugar de imponerse sobre ella.

Quienes la rodeaban percibían el cambio incluso sin poder nombrarlo. Durante años, Elena había sido la estabilizadora emocional en muchos espacios. Absorbía tensiones antes de que escalaran y gestionaba dinámicas antes de que se hicieran visibles. Sin su inmediato "suavizado", algunas conversaciones se prolongaban más. La incomodidad no se resolvía al instante. Otros se veían obligados a dar un paso al frente.

Al principio, eso generó una inquietud sutil. Su previsibilidad había sido parte de la estructura en la que otros se apoyaban. Cuando dejó de ofrecer competencia a demanda, el ecosistema cambió.

Sin embargo, con el tiempo, surgió algo distinto. Las interacciones con ella se volvieron más serenas. Las decisiones se ralentizaron ligeramente y mejoraron. Como hablaba menos, sus palabras adquirieron mayor peso. La escuchaban con más atención cuando intervenía. Su presencia se sentía firme en lugar de reactiva.

Elena no hacía menos porque estuviera agotada. Hacía menos porque había terminado de demostrar.

Esa distinción transformó su vida.

La revolución silenciosa no es ruidosa ni teatral. No requiere partida ni confrontación. Comienza internamente, en la decisión de retirar energía de aquello que exige actuación y redirigirla hacia lo que invita presencia. Es elegir participar sin sobre-funcionar, contribuir sin sobre-identificarse y mantenerse involucrada sin enredarse.

Elena no se encogió. Su vida no se contrajo. En muchos sentidos, se volvió más simple sin hacerse más pequeña. Permaneció comprometida con sus relaciones y responsabilidades, pero ya no cargaba más de lo que le correspondía. La estabilidad que antes proporcionaba a través del esfuerzo ahora emergía desde la coherencia.

Porque cuando una mujer deja de actuar, otros también reciben permiso para dejar de hacerlo. Cuando ya no corre para estabilizar cada situación, quienes la rodean desarrollan su propia capacidad de estabilidad. Lo que antes dependía de su gestión comienza a descansar sobre una madurez compartida.

La revolución silenciosa no es rebeldía. Es regulación. No es retirada de la vida, sino alineación dentro de ella. No se anuncia con declaraciones. Se revela a través de la compostura.

Y en esa compostura, transforma la habitación.

Las revoluciones suelen imaginarse como ruidosas. Interrumpen sistemas, desafían autoridad y se anuncian con conflicto y espectáculo. La historia nos ha condicionado a esperar ruptura cuando ocurre un cambio significativo. Sin embargo, las revoluciones que perduran rara vez llegan de ese modo. Comienzan en silencio. Se despliegan internamente. No derriban primero las estructuras; reorientan a las personas que viven dentro de ellas.

Este libro ha trazado ese tipo de revolución. No es una revolución que exija reconocimiento ni que sustituya ambición por retiro. Es una revolución que reemplaza la necesidad de demostrar por alineación. No rechaza la vida que has vivido. Refina la forma en que ahora la habitas.

No llega a través de una única decisión ni de un momento definitorio. Llega gradualmente. Toma forma a través de la observación, de pequeñas negativas a abandonarte a ti misma, de elegir distinto una y otra vez hasta que tu centro interno de gravedad cambia. Llega cuando una mujer comprende que ya no necesita justificar su presencia mediante el esfuerzo.

A lo largo de estos capítulos, has explorado el duelo después del éxito, recibir en lugar de lograr, intimidad sin actuación, descanso como inteligencia, tiempo recuperado y lo femenino como estabilizador.

No eran ideas separadas. Eran expresiones del mismo movimiento hacia la coherencia.

La revolución silenciosa comienza cuando una mujer deja de organizar su vida alrededor de la aprobación externa. Deja de preguntarse cómo es percibida y empieza a preguntarse si está alineada. Este cambio es sutil. Rara vez provoca comentarios. Sin embargo, transforma cada decisión que sigue.

La alineación simplifica la vida.

La negociación interna se suaviza. Las elecciones se sienten más limpias. Los límites requieren menos explicación. Cuando la verdad, en lugar de la expectativa, se convierte en guía, el esfuerzo se vuelve preciso en vez de agotador. La presencia se profundiza porque la energía ya no está dispersa en demandas competitivas.

En esta revolución, el éxito ya no es necesario para justificar la existencia. El logro puede continuar, pero ya no carga la identidad sobre sus hombros. La contribución surge de la coherencia y no del hambre. Una mujer puede seguir liderando, creando, construyendo y mentorizando, pero estas acciones nacen de claridad y no de compulsión.

La urgencia afloja su agarre. El tiempo ya no se persigue. Se habita. El sistema nervioso encuentra ritmos que sostienen en lugar de extraer. El descanso deja de ser recompensa y se convierte en condición para el discernimiento. La vida vuelve a sentirse habitable.

Esta comprensión de habitar el presente refleja un principio que exploré más profundamente en *The Consciousness Blueprint*. La presencia no es una disciplina que dominar ni una actuación que mantener. Es un estado de permiso interno. Cuando una mujer ya no está dividida contra sí misma, la presencia surge de manera natural. No requiere vigilancia constante. Requiere alineación.

La revolución silenciosa también transforma las relaciones. El amor se vuelve menos transaccional. La intimidad más segura. La mentoría más generosa que directiva. La influencia se ejerce sin control. La autoridad se sostiene sin fuerza. El poder circula en lugar de concentrarse.

No es una revolución performativa. No busca validación ni consenso. Muchas mujeres nunca la nombrarán. Otras la percibirán sin entender por qué. Una mujer alineada altera el clima emocional a su alrededor simplemente por estar regulada, presente y confiada en sí misma.

La última etapa no se define por la edad ni por la proximidad al final de la vida. Se define por completitud. Es la estación en la que una mujer deja de prepararse para la vida y comienza a habitarla plenamente. Las etapas anteriores están marcadas por el devenir, por construir identidad, capacidad, credibilidad y seguridad. La última está marcada por la integración. Lo aprendido ya no necesita probarse. Lo ganado ya no necesita defenderse.

No significa hacer menos por reducir. Significa hacer lo esencial. Permitir que la verdad determine el ritmo. Soltar roles que antes importaban pero ya no encajan. Confiar en el discernimiento más que en la urgencia.

La revolución silenciosa exige valentía. Valentía para descansar sin justificarse. Para hablar sin matizar en exceso. Para permitir que el tiempo, y no el miedo, marque el paso.

También exige paciencia. La alineación no llega completamente formada. Se fortalece a través de elecciones diarias, no de revelaciones únicas. No hay línea de meta. Solo coherencia creciente.

Culturalmente, esto importa más de lo que parece. Los sistemas moldeados por velocidad, dominación y extracción son inherentemente inestables. Las mujeres que viven alineadas ofrecen una fuerza contraria. Estabilizan sin predicar. Demuestran suficiencia sin argumentar. Modelan contención, presencia e integración simplemente a través de su forma de vivir.

Por eso la revolución es silenciosa. No necesita permiso. No requiere acuerdo. Se propaga por ejemplo.

Al cerrar este libro, no hay nada más que añadir. No hay una directiva que seguir ni una identidad que asumir. Lo que queda es una invitación a confiar en lo que ya sabes.

No estás atrás. No llegas tarde. No estás disminuida. Estás en una estación donde la alineación importa más que la aceleración.

La revolución silenciosa no promete facilidad. Promete verdad. Y la verdad, vivida con constancia, es una de las fuerzas más estabilizadoras que existen.

Este no es el final del devenir. Es el final del esfuerzo innecesario.

Lo que sigue es presencia.

Coherencia.

Una vida que encaja.

Preguntas de Reflexión

1. ¿Dónde en tu vida ya has comenzado esta revolución silenciosa, aunque no tuvieras palabras para nombrarla?

2. ¿Qué formas de demostrar, explicar o actuar estás lista para soltar?

3. ¿Cómo se siente la alineación en tu cuerpo y en tu sistema nervioso, en comparación con el esfuerzo?

4. ¿Dónde se ha suavizado la urgencia a medida que la

verdad se ha aclarado en tu vida?

5. ¿Cómo ha cambiado tu definición de éxito a lo largo de este libro?

6. ¿Qué significaría confiar en la estación en la que estás sin defenderla ni explicarla a otros?

7. ¿Cómo podría tu forma de vivir influir silenciosamente en quienes te rodean, sin intención ni fuerza?

CAPÍTULO 27:
LEGADO – ALEGRÍA, ABUNDANCIA Y LO QUE DEJAMOS DETRÁS

"El legado no es lo que dejamos a las personas, sino lo que dejamos en ellas."
– Peter Strople

A menudo se habla del legado en términos de lo que nos sobrevive: bienes, títulos, instituciones o logros grabados en la historia. Sin embargo, en la experiencia vivida, el legado es mucho más íntimo. Se forma en los momentos cotidianos: en cómo tratamos a las personas cuando nadie está llevando la cuenta. Mucho después de que los logros se desdibujen, lo que permanece es cómo se sintió la gente en nuestra presencia y lo que aprendió sobre la vida al observar cómo la vivimos.

Después del éxito, la pregunta del legado evoluciona. Deja de ser tanto **¿Qué construí?** *y se convierte en* **¿Qué transmití?** El éxito aporta recursos, influencia y margen de maniobra. El legado nos pide usar esos dones para dejar alegría, sabiduría y abundancia: no solo abundancia financiera, sino también seguridad emocional, fundamento ético y una sensación de posibilidad para las generaciones futuras.

Este tema ha guiado gran parte de mi escritura. En *Family Business Legacy Plan*, exploré cómo transferir riqueza, liderazgo y valores a través de generaciones sin fracturar relaciones ni identidad. En Achieve Financial Freedom, me enfoqué en las bases prácticas que permiten a individuos y familias pasar de decisiones guiadas por la escasez a una vida intencional y empoderada.

En conjunto, estas obras reflejan una verdad central: **el dinero es una herramienta, no el legado en sí.** Lo que enseñamos a otros a hacer con esa herramienta —cómo la sostenemos, la administramos y la alineamos con nuestros valores— es lo que verdaderamente perdura.

Redefinir la Abundancia Más Allá de la Riqueza

Para muchas personas que alcanzan el éxito, la abundancia al principio significa seguridad: tener lo suficiente para que la preocupación finalmente se aquiete. Con el tiempo, suele emerger una comprensión más profunda: **la abundancia no es solo lo que acumulamos, sino lo que normalizamos.**

He trabajado con familias que hicieron todo "bien" en lo financiero —inversiones sólidas, planificación patrimonial cuidadosa, fideicomisos bien estructurados— y aun así sentían que faltaba algo. Sus hijos estaban protegidos, pero inseguros. A salvo, pero sin dirección. En esos momentos, el trabajo se desplazó de las hojas de cálculo a las historias. Cuando los padres comenzaron a compartir no solo sus éxitos, sino también sus errores, miedos y puntos de inflexión, algo cambió. La siguiente generación no heredó ansiedad; heredó confianza. Aprendieron que la abundancia incluye resiliencia, adaptabilidad y confianza en el propio criterio.

Este aprendizaje refleja un mensaje esencial de Achieve Financial Freedom: la verdadera libertad no es simplemente la ausencia de presión financiera, sino la presencia de elección. Cuando las generaciones futuras comprenden que el dinero está para sostener la vida, y no para reemplazarla, están mejor preparadas para usar la riqueza con sabiduría y no con temor.

La Alegría como Herencia

La alegría no llega automáticamente con el éxito. De hecho, muchas personas de alto rendimiento siguen cargando la misma intensidad que antes producía resultados, aun cuando ya no les sirve —ni les sirve a quienes las observan. Los hijos y los sucesores absorben no solo lo que decimos sobre la vida, sino cómo la habitamos.

Recuerdo un momento con mi familia que me lo aclaró. Había trabajo por terminar, responsabilidades que atender y plazos presionando. Y aun así elegí pausar: reír, quedarme un poco más, estar plenamente presente. No ocurrió nada extraordinario, y ese era el punto.

La alegría no necesita ocasión. Necesita permiso.

Ese permiso se convierte en legado. Cuando las generaciones futuras ven que el éxito puede coexistir con la risa, el descanso y la conexión, interiorizan un modelo más saludable de logro: uno que les permite vivir plenamente en lugar de actuar sin descanso.

Enseñar sin Dar Sermones

Las lecciones más duraderas rara vez se entregan como consejos. Se transmiten mediante el ejemplo. Hijos, colegas y familiares aprenden a afrontar la decepción observando cómo nos tratamos después de un fracaso. Aprenden sobre integridad viendo si nuestras acciones coinciden con los valores que decimos tener. Aprenden sobre abundancia notando si compartimos con generosidad o si nos aferramos con fuerza, incluso cuando tenemos más de lo que realmente necesitamos.

En *Family Business Legacy Plan*, escribí sobre el peligro de transferir control en lugar de valores. Un líder con quien trabajé se dio cuenta de que, aunque sus hijos respetaban su competencia, no se sentían invitados a su mundo interior. Cambió el rumbo no dando instrucciones, sino compartiendo decisiones que le costaron, líneas éticas que se negó a cruzar y errores que habría querido manejar de otra manera. La lección que sus hijos absorbieron no fue sobre mecánica empresarial. Fue sobre responsabilidad, humildad y carácter.

Dejar Fundamentos, No Planos

Un legado significativo no exige que las generaciones futuras repliquen nuestro camino. Su mundo requerirá habilidades, decisiones y respuestas diferentes. Cuando el legado se vuelve prescriptivo, puede transformarse silenciosamente en presión.

Un legado saludable ofrece **un fundamento**, no un guion. Transmite principios que se adaptan: responsabilidad en lugar de rigidez, curiosidad en lugar de certeza, administración consciente en lugar de derecho adquirido. Estas ideas fueron centrales en *Family Business Legacy Plan*, donde el énfasis no estaba en preservar estructuras exactas, sino en preservar propósito.

Dejar espacio para que otros definan el éxito en sus propios términos es uno de los actos de liderazgo más generosos que tenemos a nuestro alcance.

El Libro Mayor Emocional

Toda familia y toda organización lleva un libro mayor emocional. Registra si el amor se expresó, si se pidieron disculpas y si los errores se reconocieron o se ignoraron.

Algunos de los momentos de legado más transformadores que he presenciado surgieron de una frase sencilla: **"Hay cosas que no hice bien, y todavía estoy aprendiendo."** Esas palabras no disminuyen la autoridad. La humanizan. Enseñan a las generaciones futuras que el crecimiento no termina con el éxito; se profundiza.

A menudo, saldar el libro emocional importa más que una planificación perfecta. Sin ello, incluso los legados financieros mejor diseñados pueden sentirse pesados. Con ello, las relaciones se mantienen intactas y resilientes.

El Legado como Práctica Diaria

El legado no es algo que dejamos al final de la vida. Es algo que practicamos cada día. Cada elección —escuchar en lugar de corregir, descansar en lugar de empujar, compartir en lugar de acumular— va moldeando en silencio la herencia que estamos creando.

Cuando el legado incluye alegría, aligera el camino para quienes vienen detrás. Cuando incluye abundancia, les asegura que hay suficiente: suficiente oportunidad, suficiente amor, suficiente espacio para convertirse en quienes están destinados a ser.

De este modo, el legado deja de ser tanto "ser recordados" y se vuelve "ser sentidos": mucho después de que nuestras voces se apaguen, mientras nuestros valores siguen caminando hacia adelante en la vida de otros.

Preguntas de Reflexión

1. ¿Qué suele sentir la gente después de pasar tiempo conmigo, y qué sugiere eso sobre el legado que estoy viviendo ahora?

2. ¿Cómo modelo la alegría, el descanso y la presencia de manera que otros también se den permiso para lo mismo?

3. ¿Qué creencias no dichas sobre dinero, éxito o valía podrían estar absorbiendo otros a partir de mi comportamiento?

4. ¿Qué principios —no resultados— quiero que las generaciones futuras lleven consigo?

5. ¿Dónde podría estar aferrándome demasiado al control, a la identidad o a las expectativas?

6. ¿Qué conversaciones, reconocimientos o disculpas podrían saldar de manera significativa el libro mayor emocional?

7. ¿Qué prácticas pequeñas y diarias podrían alinear mejor mi comportamiento con el legado que deseo dejar?

CAPÍTULO EXTRA:
VIVIR EN COHERENCIA – UN CIERRE DISTINTIVO

"La coherencia no es algo que se logra. Es lo que permanece cuando dejas de contradecirte."
– Maria L. Ellis

Al comienzo de este libro nombramos una verdad silenciosa que muchas mujeres reconocen, pero rara vez articulan: que la competencia puede continuar mucho después de que la resonancia haya desaparecido. Que la vida puede parecer exitosa mientras internamente se siente fragmentada. Que el esfuerzo por sí solo, por disciplinado o sincero que sea, llega un momento en que deja de funcionar.

Esta comprensión no surgió en aislamiento. Refleja preguntas que exploré anteriormente en mi escritura, particularmente en The Consciousness Blueprint, donde la presencia no se describe como una práctica que deba perfeccionarse, sino como un estado que emerge cuando el conflicto interno disminuye. Este libro lleva ese principio a la experiencia vivida.

Este capítulo adicional regresa a esa verdad, no para repetirla, sino para integrarla.

Lo que la mayoría de las mujeres busca en la segunda mitad de la vida no es reinvención, sanación u optimización. Es coherencia.

La coherencia es el estado en el que tu vida interior y tu vida exterior ya no negocian entre sí. Cuando lo que valoras, lo que eliges, cómo inviertes tu tiempo y cómo responde tu

215

cuerpo comienzan a moverse en la misma dirección. Es el fin de convencerte de tolerar lo que ya no encaja.

La coherencia no llega con ruido. A menudo llega como alivio.

Cuando la Vida Deja de Discutir Consigo Misma

Durante gran parte de la vida, la autocontradicción se normaliza. Las mujeres aprenden a ignorar su cuerpo, suavizar su verdad, gestionar climas emocionales y posponer el descanso en nombre de la responsabilidad. Estas adaptaciones no son errores. Son respuestas inteligentes a exigencias anteriores. En mi trabajo sobre longevidad, honro esa resistencia por lo que hizo posible, pero también cuestiono su costo cuando se prolonga más de lo necesario.

Una mujer describió la coherencia como la mañana en que se dio cuenta de que ya no necesitaba convencerse para presentarse. Durante años, su diálogo interno había sido una discusión constante: Deberías ir. Puedes con esto. Una vez que llegues, todo estará bien. Aquella mañana no hubo debate. Simplemente se movió.

Nada externo había cambiado de manera dramática.

Su agenda era la misma.

Sus responsabilidades continuaban.

Lo que cambió fue interno.

Había dejado, en silencio, de aceptar compromisos que exigían que se borrara a sí misma. Con el tiempo, su sistema nervioso dejó de tensarse. Presentarse ya no requería persuasión. Eso era coherencia.

El Cuerpo como Árbitro Final

A lo largo de este libro, y en mis escritos sobre longevidad, el cuerpo aparece no como un problema que gestionar, sino como una fuente de verdad. La coherencia es el punto en que esa verdad se vuelve inconfundible.

En *Designing Your Longevity*, describo el cuerpo como un instrumento de diagnóstico más que como un obstáculo. Una mujer encarnó este principio después de años de ansiedad leve que nunca se convertía en crisis, pero tampoco desaparecía. Hacía ejercicio, comía bien, practicaba mindfulness y podía expresar ideas con claridad. Nada cambiaba.

Solo cuando se retiró de un rol de liderazgo que entraba en conflicto con sus valores, su cuerpo respondió. No hubo una salida dramática. Simplemente dejó de justificar por qué permanecía allí. En pocas semanas, su respiración se volvió más profunda. Su sueño se estabilizó. Su mente se aquietó sin esfuerzo.

La verdad logró lo que la estrategia no pudo. El cuerpo no responde al consuelo. Responde a la congruencia.

Esta comprensión se profundizó para mí al escribir *Stolen Memories: A Journey Through Alzheimer's*, donde observé repetidamente lo que permanece cuando los roles, la cognición y el desempeño desaparecen: presencia, verdad, relación. El cuerpo, incluso en el deterioro, permanece honesto.

La Coherencia Simplifica sin Reducir

Muchas mujeres temen que la coherencia haga su vida más pequeña. Que menos obligaciones signifiquen menos relevancia. Que elegir alineación implique retirada.

En la práctica, la coherencia simplifica sin disminuir.

Una mujer lo notó cuando dejó de asistir a encuentros que la dejaban agotada, aunque antes había sido central en esos espacios. No los reemplazó con nuevas obligaciones. Permitió el espacio. Lo que la sorprendió no fue lo que desapareció, sino lo que permaneció. Las conversaciones se volvieron más profundas. Su presencia adquirió más peso porque ya no estaba diluida. Hablaba menos y era escuchada con mayor claridad.

Su vida no se contrajo. Se aclaró.

Las relaciones también cambiaron. Cuando dejó de contradecirse, los demás ya no tuvieron que descifrar señales mixtas. Los límites se volvieron más simples. Algunas relaciones se profundizaron. Otras completaron su ciclo. No fue pérdida. Fue ordenamiento.

Coherencia y Tiempo

Capítulos anteriores exploraron la urgencia, el ritmo y la recuperación del tiempo. La coherencia es lo que permite que esos cambios perduren.

Una mujer describió la coherencia como dejar de correr por delante de su propia vida. Seguía creando, contribuyendo y participando, pero finalmente estaba donde estaba. Notaba los momentos con mayor plenitud. Terminaba conversaciones en lugar de apresurarlas. El descanso restauraba en lugar de simplemente compensar el agotamiento.

El tiempo no se desaceleró. La resistencia sí. Esto refleja una idea central de *The Consciousness Blueprint*: la presencia no exige esfuerzo. Exige alineación. Cuando el conflicto interno se resuelve, el tiempo se vuelve habitable.

La Coherencia es Flexible, no Rígida

Vivir en coherencia no significa alcanzar una certeza permanente. No es rigidez ni perfección. Es capacidad de respuesta.

Lo que hoy está alineado puede no estarlo mañana. Lo que encaja ahora puede requerir revisión más adelante. La coherencia pide escucha, no lealtad a versiones pasadas de ti misma.

Eso es madurez. La coherencia a menudo reemplaza la optimización. La pregunta deja de ser ¿Cómo mejoro esto? y pasa a ser ¿Esto todavía me pertenece? Cuando la respuesta cambia, la coherencia permite soltar sin traicionarte.

No es falta de compromiso. Es fidelidad a la verdad.

Un Puente, no un Final

Este libro nunca tuvo la intención de decirte en quién convertirte. Fue escrito para ayudarte a dejar de abandonarte.

Vivir en coherencia es el resultado natural de ese regreso.

Al llegar al final de este capítulo y del libro, no queda nada que dominar ni nada que demostrar. Solo queda una invitación: notar cuándo la vida se siente asentada dentro de ti y confiar en esa sensación como guía.

Puede que aún haya duelo. Puede que aún haya deseo. Puede que aún cambies de opinión. La coherencia no elimina la complejidad. Elimina la contradicción.

Lo que sigue no es una nueva identidad, sino una relación más serena contigo misma. Donde el esfuerzo se alinea con el significado. Donde el descanso se respeta. Donde el amor se elige.

Este no es el fin del esfuerzo porque el esfuerzo fuera incorrecto. Es el fin del esfuerzo que ya no sirve.

Lo que permanece es presencia. Lo que permanece es alineación. Lo que permanece es una vida que ya no necesita discutir consigo misma. Eso es coherencia.

Preguntas de Reflexión

1. ¿En qué áreas de tu vida aún sientes que te halan en direcciones opuestas?

2. ¿Qué situaciones requieren mayor persuasión o negociación interna de tu parte?

3. ¿Cómo responde tu cuerpo cuando algo está alineado, en comparación con cuando no lo está?

4. ¿Qué se ha simplificado de manera natural a medida que has ganado claridad sobre ti misma?

5. ¿Dónde sigues sosteniendo compromisos que pertenecen a una versión anterior de ti?

6. ¿Cómo se manifiesta la coherencia para ti como sensación más que como concepto?

7. ¿Qué significaría confiar en el alivio como una forma de sabiduría?

8. ¿Cómo se sentiría tu vida si dejaras de discutir contigo misma?

9. ¿Qué te está pidiendo soltar la coherencia ahora?

10. ¿A qué te invita a permanecer fiel?

EPÍLOGO:
LA VIDA QUE SIEMPRE FUE TUYA

Llega un momento silencioso, a menudo sin anuncio previo, en que la vida deja de preguntarte quién has sido y comienza a preguntarte quién eres realmente ahora.

No quién se esperaba que fueras. No quién necesitabas ser para tener éxito.

No quién se requería que fueras para pertenecer.

Sino quién eres cuando el ruido se aquieta, los roles se aflojan y ya no es necesario demostrar nada.

Este libro nunca trató de reinventarte. Trató de recordarte.

Recordarte que la vitalidad no está reservada para los jóvenes.

Que el deseo no es algo que se supera con la edad.

Que el poder emocionalmente maduro es sereno, no ruidoso.

Que el amor se profundiza cuando se elige libremente.

Se trató de honrar la verdad de que la segunda mitad de la vida no es un declive, sino una depuración. Una destilación. Una etapa en la que la claridad reemplaza a la urgencia, la presencia sustituye al desempeño y el significado toma el lugar del impulso constante.

Si hay una verdad silenciosa que atraviesa cada capítulo, es esta:

No le debes al mundo tu agotamiento.

Te debes a ti misma honestidad.

Les debes a tus relaciones presencia.

Le debes a tu futuro la libertad de elegir con sabiduría.

Ya seas una mujer entrando plenamente en tu identidad madura, o un hombre aprendiendo lo que significa prosperar al lado de una mujer así, la invitación es la misma: alineación antes que apariencia, profundidad antes que exhibición, vitalidad antes que acumulación.

Las personas más realizadas en esta etapa no son las que hicieron más.

Son las que escucharon antes. Las que eligieron valentía en lugar de conformidad.

Las que permitieron que la vida volviera a sentirse bien, sin disculpas.

Si te llevas algo de estas páginas, que sea permiso.

Permiso para desear lo que deseas. Permiso para descansar sin culpa.

Permiso para amar sin borrarte. Permiso para elegir una vida que se sienta verdadera, aunque luzca diferente de lo esperado.

El legado que dejes no se medirá solo por lo que construiste, sino por cómo viviste mientras lo construías.

No por lo que poseíste, sino por lo que encarnaste. No por lo ocupada que estuviste, sino por lo despierta que permaneciste.

El arte de vivir plenamente después del éxito no se encuentra añadiendo más capítulos.

Se encuentra habitando por completo el capítulo en el que estás.

Esta vida, exactamente como es ahora, no es un preludio. No es una sala de espera. No es un pensamiento tardío. Es la vida que siempre fue tuya.

Y la decisión más poderosa que puedes tomar es vivirla —presente, alineada y profundamente viva, sin disculpas.

Con amor y gratitud,

Maria L. Ellis, BBA, MBA

mellis@fsacap.com

BIBLIOGRAFÍA SELECCIONADA

Ellis, Maria L. *Stolen Memories: A Journey Through Alzheimer's.* Ellis Publishing House.

Ashe, Arthur. Citado en diversos discursos y escritos sobre resiliencia y agencia personal.

Brown, Brené. *Dare to Lead.* Random House, 2018.

Brown, Brené. *The Gifts of Imperfection.* Hazelden Publishing, 2010.

Chopra, Deepak. *Ageless Body, Timeless Mind.* Harmony Books, 1993.

Chopra, Deepak. *The Seven Spiritual Laws of Success.* New World Library, 1994.

Frankl, Viktor E. *El hombre en busca de sentido.* Beacon Press, 1946.

Goleman, Daniel. *Emotional Intelligence.* Bantam Books, 1995.

hooks, bell. *All About Love: New Visions.* William Morrow, 2000.

Kabat-Zinn, Jon. *Wherever You Go, There You Are.* Hyperion, 1994.

Neff, Kristin. *Self-Compassion*. William Morrow, 2011.

Palmer, Parker J. *Let Your Life Speak*. Jossey-Bass, 2000

Palmer, Parker J. *On the Brink of Everything: Grace, Gravity, and Getting Old*. Berrett-Koehler Publishers, 2018.

Porges, Stephen W. *The Polyvagal Theory*. W.W. Norton & Company, 2011.

Rohr, Richard. *Falling Upward: A Spirituality for the Two Halves of Life*. Jossey-Bass, 2011.

Sandberg, Sheryl. *Lean In*. Knopf, 2013. (Referenciado para contexto cultural en torno al desempeño y el logro.)

Siegel, Daniel J. *The Developing Mind*. Guilford Press, 1999.

Tannen, Deborah. *You Just Don't Understand*. William Morrow, 1990.

Whyte, David. *Consolations: The Solace, Nourishment and Underlying Meaning of Everyday Words*. Many Rivers Press, 2015.

Mohr, Tara. *Playing Big*. Avery, 2017.

AGRADECIMIENTOS

Ningún libro se escribe en soledad, incluso cuando se redacta en silencio.

Este lleva las huellas de muchas conversaciones, observaciones discretas, mujeres valientes, hombres reflexivos y temporadas de vida que se desplegaron mucho antes de que se escribiera la primera página.

A las mujeres que confiaron en mí sus historias — las compartidas frente a un café, en salas de juntas, en salas de espera de hospitales, durante largas caminatas y en pausas sin defensas entre responsabilidades — gracias. Su honestidad dio forma a estas páginas. Su disposición a nombrar lo que parecía invisible hizo posible este trabajo.

A los hombres que escucharon, se adaptaron, se suavizaron y crecieron junto a las mujeres en sus vidas, gracias por su apertura. La madurez emocional no es ruidosa, pero lo transforma todo.

A mi familia, que ha presenciado mi proceso de transformación en tiempo real, gracias por su paciencia durante las horas silenciosas de reflexión y el trabajo invisible detrás de cada capítulo. Su presencia ha sido mi ancla.

A los mentores, lectores y amigos que desafiaron mi pensamiento sin descartarlo, gracias por afinar mi voz y profundizar mi claridad.

A la versión anterior de mí misma — la que logró, resistió y cargó más de lo necesario — gracias. Tu esfuerzo creó las condiciones para esta coherencia.

Y a la mujer que sostiene este libro ahora:

Gracias por estar dispuesta a examinar tu vida sin condenarte.Gracias por elegir la honestidad en lugar del desempeño. Gracias por reconocer que la fortaleza no requiere agotamiento.

Si estas páginas ofrecieron palabras para algo que ya sabías en silencio, entonces han cumplido su propósito.

Con amor y gratitud,

Maria L. Ellis, BBA, MBA

mellis@fsacap.com

SOBRE LA AUTORA

Maria L. Ellis, BBA, MBA, es coach de vida, educadora y autora de múltiples géneros cuya obra explora la intersección entre liderazgo, longevidad, autoridad femenina y vida consciente. Después de décadas de éxito profesional en la banca, el sector inmobiliario, el liderazgo sin fines de lucro y el emprendimiento, Maria dirigió su atención hacia una pregunta más profunda: ¿cómo se ve la plenitud después del logro?

Su carrera comenzó en la banca corporativa, donde trabajó con empresas Fortune 500 financiando el comercio internacional y asesorando a empresarios en estrategia financiera y planificación de legado. Con el paso de los años, amplió su labor hacia la inversión inmobiliaria, el desarrollo de liderazgo y la defensa educativa, incluyendo más de veinticinco años promoviendo la equidad salarial y oportunidades para mujeres y niñas.

Maria es también autora de más de doce libros, entre ellos Stolen Memories: A Journey Through Alzheimer's, una reflexión personal y clínica sobre el impacto del deterioro cognitivo en las familias y en la identidad. A lo largo de su escritura, integra experiencia vivida con investigación, apoyándose en la psicología, la neurociencia, el desarrollo espiritual y las realidades prácticas de la vida moderna.

En sus setenta años, Maria continúa esquiando con su familia, jugando golf junto al océano, orientando a líderes emergentes y explorando nuevas tecnologías con curiosidad en lugar de miedo. Su trabajo actual se centra en ayudar a mujeres maduras a transitar del desempeño a la presencia, del sobreesfuerzo a la coherencia, y de la necesidad de demostrar a la capacidad de encarnar.

Cree que la segunda mitad de la vida no es un retiro de la relevancia, sino una iniciación en la autoría.

Maria vive en Florida con su esposo, rodeada de familia, libros y la convicción firme de que el crecimiento no termina, sino que se refina.

ACERCA DE ELLIS PUBLISHING HOUSE

Ellis Publishing House presenta la obra y la visión de la autora y educadora superventas **Maria L. Ellis, BBA, MBA**. Fundada con el propósito de llevar ideas claras y útiles a un público amplio, la editorial se enfoca en no ficción práctica con valor duradero —finanzas y negocios, salud y longevidad, liderazgo, cuidado familiar, bienes raíces y poesía— junto con su serie distintiva Journey to Wellness, Freedom, and Legacy. Las ediciones están disponibles en inglés y español en formato impreso, digital y audiolibro.

La trayectoria profesional de Maria abarca la banca internacional, la asesoría en inversiones y la planificación financiera, experiencia que informa su enfoque sólido y realista sobre el dinero, el liderazgo y el bienestar a largo plazo. Graduada del programa Owner/President Management de Harvard Business School, posee títulos en negocios de la University of Massachusetts Amherst y ha desempeñado funciones de liderazgo y asesoría en juntas educativas y organizaciones sin fines de lucro. Sus libros y conferencias enfatizan la claridad, la compasión y la acción, ayudando a los lectores a tomar mejores decisiones para sí mismos, sus familias y sus comunidades.

Ellis Publishing House existe para impulsar esa misión: libros que traduzcan la experiencia en herramientas prácticas para la vida cotidiana, que inviten a la reflexión profunda y que animen a los lectores a construir no solo éxito, sino también significado. El catálogo incluye guías sobre libertad financiera, planificación de legado en empresas familiares, salud del emprendedor, longevidad, inversión inmobiliaria, liderazgo, cuidado familiar y una colección de poesía que celebra la vida en la tierra.

En todas sus publicaciones, Ellis Publishing House prioriza ideas con impacto medible, historias con corazón y diseños pensados para perdurar, obras moldeadas por el compromiso de Maria L. Ellis con el servicio, la integridad y la excelencia accesible.

OTROS LIBROS DE MARIA L. ELLIS, BBA, MBA

Alcanza la Libertad Financiera: La Hoja de Ruta hacia el Éxito Financiero

Plan de Legado para la Empresa Familiar: La Guía Definitiva para Crear un Legado para Tu Familia sin Pagar Demasiados Impuestos

Redefiniendo el Éxito Emprendedor: Guía para un Estilo de Vida Saludable y Holístico

Longevidad: Reinvéntate a Cualquier Edad

Vida en la Tierra: Perspectivas Poéticas

Golf: Un Curso en Negocios – Lecciones que el Golf Puede Enseñarnos sobre Gestión y Emprendimiento

De Operador a Emprendedor: Desbloqueando el Poder del Liderazgo Visionario

Memorias Robadas: Un Viaje a Través del Alzheimer

Diseñando Tu Longevidad: Un Plan Personalizado para Vivir Más Tiempo con Energía, Propósito y Vitalidad

Inversión en Bienes Raíces Multifamiliares: Guía para Invertir con Ingresos, Impacto y Riqueza Generacional

MARIA L. ELLIS, BBA, MBA

Más Allá de las Barreras: El Progreso de las Mujeres desde Mediados del Siglo XX hasta Hoy

Vida en la Tierra, Volumen II: Poemas que Inspiran y Empoderan a Mujeres y Niñas

El Plano de la Conciencia: Longevidad, el Alma y la Próxima Evolución de la Humanidad